Leonardo Novo Oliveira Andrade de Araújo

DIREITO OPERACIONAL

VOLUME 2

Aspectos processuais penais da atividade policial operacional

© Copyright 2023
Ícone Editora

Proibida a reprodução total ou parcial desta obra, de qualquer forma ou meio eletrônico, mêcanico, inclusive por meio de processo xerográficos, sem permissão do editor (Lei no 9.610/98).

Capa
Luiz Antonio Gonçalves

Diagramação
3k Comunicação

Revisão
Paulo Teixeira

CIP-BRASIL. CATALOGAÇÃO NA PUBLICAÇÃO SINDICATO NACIONAL DOS EDITORES DE LIVROS, RJ

A69d

    Araújo, Leonardo Novo Oliveira Andrade de
        Direito operacional, vol. 2 / Leonardo Novo Oliveira Andrade de Araújo. - 1. ed. - São Paulo : Ícone, 2023.
        200 p. ; 23 cm.

    Inclui índice
    ISBN 9786586179224

    1. Direito - Brasil. 2. Segurança pública - Brasil. 3. Policiais - Brasil. 4. Prevenção de crimes - Brasil. I. Título.

23-82565   CDU: 34:351.75(81)

Meri Gleice Rodrigues de Souza - Bibliotecária - CRB-7/6439

15/02/2023   16/02/2023

Todos os direitos reservados pela
ÍCONE EDITORA
Rua Javaés, 589 - Bom Retiro
CEP: 01130-010 - São Paulo/SP
Fone/Fax: (11) 3392-7771
www.iconeeditora.com.br
iconevendas@iconeeditora.com.br

DEDICATÓRIA

Dedico esse livro a todos os professores formais e informais que passaram pela minha jornada eterna de aprendizado e a todos os homens e mulheres que derramam sangue, suor e lágrimas defendendo a sociedade da criminalidade.

AUTOR

Leonardo Novo Oliveira Andrade de Araújo é major da Polícia Militar do Estado do Rio de Janeiro. Ele é formado em Direito e pós-graduado em Direito Penal e Processual Penal pela Universidade Candido Mendes, mestre em Criminologia pela Universidade Fernando Pessoa, na cidade do Porto, Portugal e doutorando em direito penal e governança pela universidade de Salamanca na Espanha. É instrutor da academia de bombeiros militares D Pedro II do CBMERJ. Na área pedagógica, é instrutor de prática operacional da Academia de Polícia Militar D. João VI e no CFAP (Centro de Formação e Aperfeiçoamento de Praças) da Polícia Militar do Estado do Rio de Janeiro, formando, operacionalmente, oficiais e praças de uma das polícias mais operacionais do Brasil.

Na área de formação especializada, exerceu, durante 4 anos, a função de chefe de instrução especializada do BOPE PMERJ — unidade com o maior número de combates reais em todo o mundo —, treinando policiais e militares de diversas instituições do Brasil e do mundo, que buscam conhecimentos operacionais nesta renomada unidade.

Na formação operacional, o Major Novo possui diversos cursos, entre eles o COEsp (Curso de Operações Especiais) BOPE-RJ, realizado em 2008, no qual foi o primeiro colocado, recebendo o honroso título de caveira 152; e o COPES (Curso de Operações Policiais Especiais) da Polícia Nacional Colombiana, no ano de 2009.

Dentre as diversas funções realizadas, destacam-se a de comandante da Companhia de Policiamento da Comunidade Cidade de Deus, no 18° BPM PMERJ; oficial de operações, comandante de equipe, comandante da unidade de intervenção tática, chefe de pessoal, inteligência, operações e instrução — todas exercidas no BOPE. No BPChoque, exerceu as funções de chefe de instrução, operações e comandante do GTM (Grupamento Tático de Motociclistas).

Fora da atividade operacional, exerceu as importantíssimas funções de comandante do corpo de alunos do CFAP, sendo o responsável pela formação de aproximadamente mil recrutas da Polícia Militar carioca, e a importante atuação jurídica de juiz militar na AJMERJ (Auditoria de Justiça Militar do Estado do Rio de Janeiro).

São incalculáveis as horas de operações policiais, principalmente em áreas de alto risco, participando diretamente de todas as operações de implementação das UPPs (Unidades de Polícia Pacificadora), resultando na prisão e neutralização de muitos criminosos e apreensão de diversos armamentos.

O Major Novo destaca-se também na ação de retomada dos complexos das favelas do Alemão e da Penha, iniciada exclusivamente pelo BOPE muito antes de noticiado pela mídia, retirando, mesmo que temporariamente, os moradores das referidas localidades do julgo e dos abusos de criminosos.

SUMÁRIO

Introdução 11

CAPÍTULO 1 17
Polícia Judiciária 19

CAPÍTULO 2 43
Provas Ilícias 45

CAPÍTULO 3 49
Exame de Corpo de Delito 51

CAPÍTULO 4 55
Cadeia de Custódia 57

CAPÍTULO 5 63
Prova Testemunhal 65

CAPÍTULO 6 77
Da busca (pessoal, domiciliar e veicular) e apreensão 79

CAPÍTULO 7 127
Modalidade de prisões 129

CAPÍTULO 8 139
Uso da força 141

CAPÍTULO 9 ---------- 145
Banco de Dados de Presos ---------- 147

CAPÍTULO 10 ---------- 153
Auto de Resistência ---------- 155

CAPÍTULO 11 ---------- 161
Prisão em Flagrante ---------- 163

CAPÍTULO 12 ---------- 189
Audiência de Custódia ---------- 191

Conclusão ---------- 197

PREFÁCIO

Foi com muita honra que recebi o convite do amigo Major Leonardo Novo da PMERJ para prefaciar esta belíssima obra.

O Major Novo é um formidável profissional, detém conhecimentos práticos e teóricos, uma experiência única, por ter trabalhado no BOPE e na Academia da Polícia Militar, o que o eleva a um dos maiores nomes no país na área de segurança pública.

O autor reuniu conhecimentos teóricos e práticos no livro Direito Operacional – Volume 2 e não tenho dúvidas de que será o mesmo sucesso do Volume 1.

A presente obra trata do dia a dia do policial, desde as primeiras providências na rua, que surgem com a prática de um crime, analisa a abordagem, o uso da força, perpassa pelos cuidados que os policiais devem ter para preservar o local do crime, os trabalhos investigativos, a prova pericial, os tipos de prisão, além de várias outras nuances, finalizando na audiência de custódia. Isto é, perpassa pelo direito processual penal que o militar é obrigado a saber!

A atividade policial não se resume, simplesmente, em colocar policiais na rua ou realizar uma investigação. É infinitamente mais do que isso. Exige todo um estudo e preparo – exige a ciência – que muitas vezes é invisível aos olhos da sociedade e, nesse sentido, o autor foi preciso, pois estudou os diversos pontos do trabalho policial na rua em observância à ciência.

O conhecimento produzido neste livro o torna um importantíssimo instrumento de trabalho para os policiais, à medida que deter conhecimento jurídico para atuar concede maior proteção e segurança jurídica para os policiais.

O autor foi muito feliz em escrever essa brilhante obra, que se torna, desde já, fonte de leitura obrigatória para todos os policiais. Trata-se de um livro escrito por quem entende!

Parabenizo o autor, Leonardo Novo, pela brilhante iniciativa e convido a todos a conhecerem a excelente obra Direito operacional – volume 2, de Leonardo Novo.

Brasília, fevereiro de 2022.

Rodrigo Foureaux
Juiz de Direito, Oficial da Reserva Não Remunerada da PMMG e autor do livro *Segurança Pública*.

INTRODUÇÃO

O Decreto-lei 3.689, de 03 de outubro de 1941, conhecido como Código de Processo Penal (CPP), apesar do distante período de promulgação, dentro de um contexto histórico e sobretudo criminal completamente diferente dos nossos tempos, sofreu diversas atualizações ao longo do tempo. Mesmo com o caráter evolutivo supracitado do referido dispositivo jurídico, é evidente que essa lei, de extrema importância para o policial operacional, não acompanhou com plenitude a velocidade dos fatos sociais, criando um descompasso entre teoria e prática dentro da sociedade brasileira. Tal realidade vem criando enormes dificuldades em sua aplicabilidade principalmente para os homens de ponta, ou operadores primários do direito, no enfrentamento à criminalidade violenta.

O denominado sistema jurídico policial brasileiro, debatido oportunamente em obra de mesmo nome (autores: Leonardo Novo e Rogério Greco), exemplifica de maneira clara os diversos operadores do direito processual penal em nosso ordenamento jurídico. Com atuação em diferentes momentos do sistema persecutório criminal, demonstrando na prática as diversas dificuldades desse atrativo ramo do direito. Sem qualquer corporativismo no sentido negativo da palavra, são os policiais operacionais ou operadores primários do direito, os profissionais que apresentam o maior grau de dificuldade de suas ações, decidindo e aplicando o direito com escassez de tempo e, muitas vezes, sob risco de morte. Para esses servidores, a tomada de decisões técnicas e jurídicas não tem margem de erro, sendo esta a definição perfeita e clara do que chamamos de direito operacional.

A atividade policial deve ser sem exceção balizada sempre por três parâmetros básicos: técnica, bom senso e legalidade. O primeiro aprendemos nos bancos escolares das corporações policiais ou deveríamos, somados às incansáveis horas de trabalho, gastando o coturno no policiamento ostensivo. O bom senso é fundamental na atividade policial operacional, caracterizada pela prestação de serviço direta à população e na relação interpessoal entre as pessoas e o poder público, potencializada pelo fato de que as polícias ostensivas são as instituições públicas de maior capilaridade e interações sociais dentre todas. Devido à complexidade da atividade operacional, fica inviável que o ordenamento jurídico regule todos os fatos, condutas e interações sociais. Por isso, o bom senso torna-se um ótimo recurso, para dirimir conflitos existentes em qualquer tipo de sociedade.

Por óbvio, a legalidade é o parâmetro de todo policial, somos escravos do ordenamento jurídico, lei não se discute, cumpre-se, principalmente no ambiente operacional. Esse é o foco desta obra, seguindo a linha da primeira edição, o livro Direito operacional, em seu volume 2, tem por objetivo trabalhar o direito processual de maneira clara e direta, de policial para policial, com exemplos práticos, reforçando que só com uma polícia preparada e profissional é que começaremos a virar a dura realidade da segurança pública brasileira.

Apesar de ser conhecido como Código de Processo Penal, o Decreto-lei 3.689, de 1941, aborda, em seus artigos, questões e, em alguns momentos, procedimentos pré-processuais. Preleciona regramentos de questões anteriores ao ato de oferecimento da denúncia, que marca o início do processo criminal propriamente dito. São esses tópicos os de principal importância para os policiais da ponta da linha. Inquérito policial, buscas pessoal, veicular e domiciliar, prisão em flagrante, auto de resistência, todos localizados no Livro 1 da lei do processo em geral. Dentro do extenso código, os temas relevantes para a atividade policial operacional reúnem menos de 10% dos mais de 800 artigos da estudada lei.

Fator que merece destaque é que a busca pelo conhecimento e a evolução profissional não se resumem ou se esgotam nos bancos escolares policiais. A importante formação em direito não é direcionada à atividade policial operacional, a doutrina pouco se debruça sobre o tema, o tempo e o esforço destinados à discussão dos artigos ditos operacionais estão aquém da importância deles, dentro da cadeira do direito universitário tradicional. Para os policiais formados em direito, fica a indagação, quanto tempo o professor gastou com temas de direito operacional e as explicações atenderam às expectativas e às necessidades profissionais dos policiais de ponta, com raras exceções, a resposta é categoricamente negativa.

Nós policiais temos grande parcela de culpa na escassa doutrina sobre o tema. Perdemos energia e tempo criticando os denominados "especialistas" do direito ou da segurança pública, que analisam a atividade policial sem entrar em uma viatura, sem colocar uma farda ou uniforme para operar em um ambiente hostil, podendo ser agredido a qualquer momento. É fato que os teóricos não estão errados, todo conhecimento é valido e agrega, entretanto só estão entrando em espaço vago deixado por nós mesmos, se não produzimos teoria, alguém o fará. Sentar-se, estudar, debater e ouvir são os caminhos para fazer uma polícia melhor, o policial de ponta pode, sim, ser mestres, doutores e doutrinadores, teóricos e operacionais ao mesmo tempo, esses fatores não são antagônicos, e sim complementares, nada melhor para um verdadeiro especialista do que a junção entre teoria e prática.

Nada é simples na atividade policial, principalmente no aspecto legal, é importante destacar que apesar da força vinculante da norma processual penal, o conhecimento da lei não é suficiente para a sua aplicação na plenitude. A lei nunca será plena, aborda os temas de maneira abstrata, sendo necessária a sua devida interpretação e melhor aplicação ao caso concreto, necessitando assim de um intenso acompanhamento da doutrina e da jurisprudência representadas pelo entendimento dos especialistas jurídicos e tribunais superiores, refletindo na atividade policial. O ordenamento jurídico é burocrático, não acompanha a velocidade dos fatos sociais, sendo muitas vezes essa defasagem suprida por decisões judiciais, que desconectadas da realidade só aumentam o problema.

Fazer segurança pública no Brasil é uma das tarefas mais árduas para qualquer profissional. Não podemos esquecer que são os policiais operacionais que estão na ponta, na linha de frente do combate à criminalidade muitas vezes violenta, dispondo diariamente dos bens mais importantes de qualquer ser humano, a vida, liberdade e sua honra. Tal adversidade fica clara ao analisarmos o direito à vida, bem jurídico de maior relevância e proteção em nosso ordenamento jurídico. Banalizada em nosso país, concentrando o maior número de homicídios do mundo, torna-se ainda mais complexo, quando analisamos a vitimização policial brasileira, inigualável em qualquer localidade do planeta. São estes servidores públicos o grupo de pessoas mais vulneráveis ao delito de homicídio, ratificando o risco de morte na aplicação da lei, caracterizado no conceito do direito operacional.

A restrição da liberdade é um risco constante para todo policial, a dinâmica da atividade operacional, inevitavelmente, faz com que os agentes de segurança pública caminhem em uma verdadeira corda bamba, variando entre a legalidade e a ilegalidade, entre a omissão e o excesso. Operar o direito não é tarefa fácil principalmente para aqueles com restrição de tempo e sob risco de morte constante para a tomada de decisão. Dentro de todo o sistema persecutório, cabe ao policial operacional a missão mais difícil: aplicar o direito imediatamente ao caso concreto, sem tempo de rever seus erros e sob fogo inimigo.

A análise de tipicidade da conduta, prender ou não, posso ou devo entrar em uma residência, realizar uma busca pessoal, restringindo direito alheio, são indagações constantes na cabeça de qualquer operador. Em muito dos casos concretos, não é permitido erros ou dúvidas, quando da sua ocorrência, o preço poderá ser caro para o policial, a vida ou a liberdade, reforçando a máxima de que polícia não é profissão, mas, sim, sacerdócio.

Como o popular jargão afirma "errar é humano". Por mais que a cobrança social e jurídica seja contundente, policiais são seres humanos, trabalham em demasia, em uma atividade complexa, logo a equação é simples, erros acontecerão, variando de acordo com o nível profissional e o ambiente operacional onde está inserida cada instituição policial.

A breve análise em torno da teoria do erro está relacionada diretamente aos erros técnicos, diferentemente dos erros morais que tanto maculam as instituições policiais brasileiras. Os abomináveis erros relacionados aos aspectos éticos são frutos do livre-arbítrio humano. Caracterizados pelo dolo, devem ser combatidos com todo rigor por organismos correcionais e de controle, impedindo assim que maus profissionais comprometam a imagem e a prestação de serviços de instituições fundamentais no desenvolvimento do estado democrático de direito.

Nos dias de hoje, com o aumento exponencial do volume e velocidade das informações, o policial ostensivo torna-se um alvo, não só das armas,

mas das lentes dos curiosos, ficando exposto constantemente. Esses profissionais são extremamente fiscalizados em suas ações, suscetíveis a críticas, nem sempre fundamentadas. Após ganhar as redes sociais, tornam-se incontroláveis, servindo como ferramentas de proliferação de ódio, rancor e vingança contra as forças policiais.

A degradação da honra pessoal e institucional é fato corriqueiro, mesmo após comprovação de legalidade, torna-se inviável a restauração do bem jurídico, caiu na rede mundial de computadores é eterno. Na dúvida, o policial errou, vivemos em uma era de policiafobia somada a uma espécie de presunção de culpabilidade, reforçando a necessidade do conhecimento jurídico como proteção, não só para melhoria da prestação de serviço ou defesa pura e simples, mas pela própria sobrevivência, em um ambiente tão hostil.

Nem sempre o tiro, "porrada" e bomba resolverá nossos problemas. Valentia e braveza são pré-requisitos da atividade policial operacional, mas jamais deverão ser confundidos com falta de educação e amadorismo. Só prestaremos um serviço de qualidade com a junção da coragem inerente aos policiais brasileiro, com o conhecimento técnico adquirido na academia. A realidade da atividade policial deve ser compartilhada e debatida com toda a sociedade, atualmente nosso ordenamento jurídico e principalmente a jurisprudência não caminham irmanadas com a necessidade de enfrentamento à criminalidade violenta.

Quem entende de polícia é o policial, pois os teóricos e os denominados especialistas de segurança pública e do direito produzem conhecimentos úteis, mas incompletos. Insistem em ditar os procedimentos policiais, reafirmamos que toda ajuda é válida, e o diálogo é o caminho, entretanto, em hipótese alguma, os homens de ponta devem ser alijados dessa discussão. Vamos para o debate, com argumento e conhecimento de causa, reclamar não é uma opção, muitos já fazem isso, seja diferente. Operar, estudar e produzir conhecimento é o azimute a ser seguido, só o estudo liberta.

CAPÍTULO 1

POLÍCIA JUDICIÁRIA

Art. 4º A polícia judiciária será exercida pelas autoridades policiais no território de suas respectivas circunscrições e terá por fim a apuração das infrações penais e da sua autoria.
Parágrafo único. A competência definida neste artigo não excluirá a de autoridades administrativas, a quem por lei seja cometida a mesma função.

Quem nunca ouviu dizer que o Brasil é o país da impunidade. Leis que não acompanham a evolução das relações sociais, decisões judiciais desconectadas da realidade, enorme quantidade de práticas criminais sem as devidas elucidações e consequente responsabilização de seus atores justificam em parte nosso atual cenário. Inicialmente jamais devemos imputar o fracasso do sistema de maneira individualizada, a problemática é muito mais complexa, não existindo soluções fáceis para problemas difíceis. Os baixos números de elucidação de crimes não é responsabilidade exclusiva das polícias judiciárias, mas algo é claro: o processo não está funcionando.

Em termos práticos, as taxas de elucidação de crimes no país beiram o ridículo, fomentando a criminalidade e a sensação de insegurança da população brasileira. Estudos revelam percentuais assustadores, mesmo os crimes contra a vida que apresentam maior notoriedade, dificilmente chegam a dois dígitos no percentual de elucidação. Com relação aos crimes contra o patrimônio, os números são ainda piores, não passando de 5% de identificação de autoria. Para piorar, a identificação do autor não significa responsabilização imediata dos criminosos, pois além da captura dele, o ato será avaliado dentro de um processo persecutório criminal cada vez mais garantista. A equação da impunidade é simples, nem todos os criminosos são identificados, nem todo identificado é preso, nem todo preso é denunciado e nem todo denunciado é condenado.

O nosso sistema jurídico policial brasileiro realiza de regra o debatido e controverso ciclo incompleto de polícia. A importante discussão sobre o tema quase sempre recai sobre questões corporativistas negativas, em que delegados de polícia lutam pela manutenção de prerrogativas e oficiais da polícia militar por sua ampliação. Disputas de entidades de classe retratam a realidade da ineficiência do sistema, polícias que deveriam trabalhar juntas, sendo esse o fator determinante de funcionamento do ciclo incompleto de polícia, colocam por vezes interesses pessoais e institucionais acima do interesse público e da prestação de serviço de qualidade.

A funcionalidade do sistema de ciclo incompleto de polícia é possível, mas necessita obrigatoriamente de integração entre as polícias. Tal missão é difícil de ser colocada em prática, principalmente em níveis estratégicos em que entram questões políticas e disputas de poder entre os gestores das diversas carreiras. Fato esse que não ocorre no nível tático, pelo simples fato de que a "merda une" os operadores que estão de frente para o problema, têm outra ordem de prioridade de interesses.

Sobreviver está em primeiro lugar, então pouco importa qual é a farda ou o uniforme utilizado o importante é mais um companheiro ao meu lado no campo de batalha. Exemplo prático do raciocínio citado é a perfeita integração BOPE e CORE no estado do Rio de Janeiro, mesmo sendo de instituições policiais diferentes, polícia militar e polícia civil treinam, dialogam e operam juntos, produzindo ótimos resultados.

Fator que chama a atenção e merece destaque é o de que o denominado ciclo incompleto de polícia é realizado em apenas dois países no mundo, Brasil e Guine Bissau. Tal realidade gera a inevitável indagação, quem está certo? Essas duas nações com suas mazelas dentro e fora do sistema policial ou o resto do mundo? Os países que realizaram a transição do ciclo incompleto para o completo adotaram basicamente três medidas distintas: 1) a adoção do denominado ciclo completo mitigado; 2) unificação das instituições policiais; ou 3) definição de competência por área territorial.

O denominado ciclo completo mitigado apresenta-se como uma boa alternativa, já colocada em prática em nosso ordenamento jurídico por força do artigo 69 da Lei 9.099/1995. A Lei dos Juizados Especiais regula os denominados termos circunstanciados de ocorrência (TCO), relacionados diretamente aos crimes de menor potencial ofensivo. Recentemente o próprio STF referendou a capacidade das polícias militares produzirem o ato (1), reconhecendo esses servidores como autoridade policiais nesses casos específicos.

A conexão direta entre o policial ostensivo com o judiciário, consolidada no TCO, exige uma necessidade maior de conhecimentos jurídicos, podendo ser suprido pelos conhecimentos de direito operacional. A necessidade de ampliação dos estudos jurídicos é compensada pela celeridade em um sistema processual penal sobrecarregado, permitindo inclusive que as polícias judiciárias se dediquem a crimes mais graves e de maior complexidade. Respeitando sempre as opiniões contrárias que enriquecem o debate, deixamos claro que somos totalmente favoráveis a tal medida.

Imaginemos a corriqueira situação em que vizinhos discutem, trocando ameaças por conta do som alto em festa realizada na residência de um deles. A polícia ostensiva é chamada para o local a fim de restabelecer a ordem e evitar uma mal maior, visto que em uma sociedade com os parâmetros de violência e civilidade como a brasileira, não é raro que uma ameaça banal se torne uma agressão corporal ou até mesmo um homicídio.

Chegando ao local, os policiais em um sistema de ciclo incompleto de polícia, na ausência de flagrante, apaziguam os ânimos e conduzem as partes para a delegacia de polícia. Não só a atividade de polícia ostensiva fica prejudicada, visto que a viatura responsável pelo policiamento ficará horas realizando atividades burocráticas, mas o próprio policial civil interromperá investigação mais importante como um crime de homicídio, latrocínio ou corrupção para registrar um crime de menor potencial ofensivo. Com o ciclo completo, pelo menos o mitigado, todos saem ganhando, o contato do policial de ponta direto com o judiciário, comunicando o fato delituoso, as provas e as partes sem intermediários dão maior celeridade e eficiência a persecução criminal.

Por outra perspectiva, a unificação das polícias também traria benefícios, tais como a padronização de procedimentos, fortalecimento institucional, economia de meios, dentre outros. Como colocar em prática a unificação de polícias tão distintas sem ferir tradições, prerrogativas, direitos e principalmente o pacto federativo, visto que a maior parte dos efetivos polícias são subordinados aos estados? Solução adotada por diversos países, como Portugal e Espanha, é a definição de competência por território, dividindo regiões do país para a atuação completa de cada polícia, cada uma assumindo em sua área de responsabilidade os policiamentos ostensivo e investigativo.

O por hora analisado artigo 4º do CPP não restringe aos delegados de polícia a denominada atividade investigativa, ou mesmo de auxílio ao poder judiciário, ato este definidor do conceito de polícia judiciária. O criticado inquérito policial – procedimento administrativo, inquisitorial e preparatório da ação penal – tem por objetivo esclarecer fatos delituosos relacionados à notícia-crime, buscando indícios da autoria e a materialidade criminal. Apesar da importância do procedimento, o inquérito policial é uma peça informativa, não existindo ainda pretensão punitiva estatal e, por esse motivo, não havendo de regra a necessidade de ampla defesa e contraditório.

Os investigadores não devem buscar acusados, mas, sim, a verdade dos fatos narrados na notícia-crime. O inquérito basicamente tem a dupla função: evitar uma longa custosa ação penal infundada, que trará inevitavelmente prejuízos para o investigado e de função preparatória da ação penal, visto que na prática o inquérito fará parte de todo o processo. Tanto o promotor de justiça quanto o investigador, delegado e oficiais militares devem manter a imparcialidade, mesmo sob pressão externas tais como a mídia, autoridades hierarquicamente superiores e a opinião pública. O mero indiciamento e a consequente denúncia trarão prejuízos irreparáveis para qualquer pessoa na condição de réu ou investigado.

Vivemos em um momento de guerra informacional. A polícia em muitos momentos é o alvo preferido dos críticos do poder estatal e de pseudodefensores dos direitos humanos, que deturpam esse importante conceito para sustentar suas teses ideológicas. Para os policiais, há atualmente uma espécie de presunção de culpabilidade, na dúvida o policial errou, cometeu o crime. Basta uma simples reportagem em um grande veículo de informação de imparcialidade duvidosa, que o mal está feito, e se anos depois chegarem à conclusão de que não houve qualquer crime, dificilmente haverá qualquer tipo de retratação, e caso ocorra jamais reparará o dano na integralidade.

A mera submissão a um procedimento investigativo, seja ele IP (Inquérito Policial) ou IPM (Inquérito Policial Militar), já traz prejuízos.

Por esse motivo, aumenta a responsabilidade dos investigadores na condução das investigações e, principalmente, na manutenção de seu sigilo, característica inerente a tal procedimento. Essas prerrogativas nas mãos de maus profissionais podem gerar danos graves, não é à toa que a nova Lei de Abuso de Autoridade (Lei 13.869/2019) pune a instauração infundada de procedimento apuratório. A conduta responsabilizada criminalmente é de difícil comprovação representando na prática o fenômeno conhecido como destruição de reputação não rara no público policial.

Determinado comandante de unidade operacional da polícia militar prende administrativamente agente da corregedoria por descumprir regulamento disciplinar da própria instituição. As faltas disciplinares foram faltar com a verdade e não se apresentar para a mais alta autoridade durante atividade correcional, todas previstas no Regulamento Disciplinar da Polícia Militar e de continências do Exército brasileiro, quebrando os pilares fundamentais de qualquer instituição militar, a hierarquia e a disciplina. Por questões pessoais de vaidade e orgulho, a autoridade correcional determina instauração de procedimento para apurar a conduta do comandante e não de seu subordinado direto.

Durante a investigação, o oficial encarregado da apuração chega à conclusão de ausência de crime ou transgressão da disciplina por parte do comandante. Em ato legal, de parcialidade duvidosa, órgão correcional altera o relatório do investigador imputando crime ao comandante, afastando as infrações disciplinares de seu subordinado direto. Após vazamento de documento reservado, tais conclusões são publicadas em jornal de grande circulação, com foto, nome completo, inverdades e muito sensacionalismo, gerando dano irreparável à reputação do policial.

Após a instauração de um segundo inquérito por determinação do Ministério Público, chega-se à mesma conclusão do primeiro, ausência de crime e transgressão da disciplina por parte do então comandante. É lógico que a conclusão do fato não foi divulgada pela mídia, visto que a ideia central normalmente é falar mal da polícia, como praxe do jornalista que assina a matéria e ao contrário do discurso ético. Outro fator importante é que nem sempre os profissionais de imprensa checam com precisão as informações divulgadas nem oferecem a importante oportunidade de contraditório, como no caso citado.

Após análise do Ministério Público, foi solicitado pelo *parquet* o arquivamento do inquérito por ausência de crime. Desde o início era clara a inexistência de crime ou transgressão, a conduta discordando ou não foi dentro do regulamento disciplinar. A mera instauração de inquérito, somada à reportagem oportunista e divulgações maliciosas, causaram dano irreparável, que sua mitigação gerará transtornos e custos para o agente, que de regra brigará sozinho por sua imagem, no fim, toda a instituição sai perdendo. Os prejuízos de uma mera submissão a procedimento investigativo em uma sociedade de valores invertidos que a presunção de inocência se torna certeza de culpabilidade necessitam de revisão imediata de todo o sistema acusatório.

Bom exemplo de realização de ciclo completo fora das polícias civis e federal é o questionado e pouco conhecido previsto no direito militar. No caso de ocorrência de crimes militares, ampliados consideravelmente com o advento da Lei 13.491/2017, a investigação é realizada pelos oficiais das mesmas corporações militares do possível autor do crime. Os inquéritos policiais como procedimentos administrativos, não tem por obrigação para sua boa confecção conhecimentos apurados em direito, a produção dos denominados elementos de informação é resultante mais de expertises investigativas do que de doutrinas e técnicas jurídicas elaboradas.

Os dispositivos processuais penais se correspondem nos códigos de processo penal e penal militar. Ainda é possível observar muitas resistências quando da função investigativa realizada pelas polícias militares, muitas vezes mais fundamentadas por ideologia pré-concebidas do que argumentos técnicos. As policiais civis e federais, quando atuam no policiamento ostensivo no cumprimento de apoio ao poder judiciário ou até mesmo na realização de diligências e se envolvem em novas ocorrências, são seus próprios pares os responsáveis pelas investigações, sem muitos questionamentos de autoridades, especialistas em direito e da população em geral, porque com as polícias militares o entendimento é diferente.

O artigo 4º do CPP deixa claro que a função de polícia judiciária não é atividade exclusiva dos delegados de polícia. Nossa Constituição Federal em seu artigo 144, § 4º, ao abordar as funções da polícia civil, exclui cabalmente a investigação das infrações militares por autoridades civis. Chama a atenção as resistências direcionadas às instituições militares no tocante à investigação de crimes cometidos por seus pares. Se delegados investigam delegados e agentes da mesma instituição, promotores apuram possíveis crimes cometidos por companheiros e juízes investigam os demais magistrados, qual seria a justificativa técnica e não ideológica das constantes restrições e tentativas de diminuição das prerrogativas dos militares, principalmente as direcionadas aos denominados militares dos estados, policiais e bombeiros militares?

O auge das discussões jurídicas e ideológicas está relacionado ao denominado homicídio decorrente de intervenção policial, ou mais conhecido no meio policial como auto de resistência. Fundamentação de que a discussão é mais ideológica do que técnica foi a alteração do termo, por questões políticas e resultantes de pressão internacional, de auto de resistência para homicídio decorrente de intervenção policial. Infelizmente temos um péssimo hábito em nosso país, é mais fácil trocar o nome do problema do que enfrentar a problemática de maneira técnica e eficiente. As interpretações jurídicas dos preceitos constitucionais e processuais penais causam estranheza, deixando expostas mazelas do nosso sistema jurídico policial, já citados nesta obra tais como o corporativismo negativo, falta de integração entre os atores estratégicos do sistema e sustentação argumentativa mais baseada em interesses pessoais e ideológicos do que na técnica ou na supremacia do interesse público.

Em um país com baixíssimas taxas de elucidação de homicídios, não faz nenhum sentido as polícias civil, militar, federal e o ministério público, disputarem a competência investigativa dos homicídios decorrentes de intervenção policial militar, pois todas as instituições já possuem sobrecarga de trabalho Fator que pode explicar tal fenômeno é que normalmente esse tipo de medida ganha os holofotes dos grandes meios de difusão de informação, transformando simples servidores públicos e notáveis mesmo que momentaneamente.

Juridicamente a questão é simples, o artigo 82 do Código de Processo Penal Militar é claro e preleciona que "os autos do IPM serão remetidos à justiça comum", no caso de autos de resistência. A interpretação jurídica é literal: a investigação deverá ser realizada por autoridade militar, visto que só esta produz inquérito policial militar.

A mudança realizada inicialmente de forma equivocada pela Lei 9.299/1996 e posteriormente pela Emenda Constitucional 45 tinham o claro objetivo de enfraquecer a justiça militar, com foco na justiça militar estadual. O momento histórico era de grande pressão em torno das polícias militares, casos de violação de direitos humanos e abuso de autoridade eram exaustivamente noticiados, alterando a competência de julgamento dos crimes dolosos contra a vida e com vítimas civis, sem alterar de forma legal e não na prática as investigações, com citado anteriormente.

A questão discutida incessantemente nos bancos acadêmicos chegando ao STF (2) sob a forma de ADI (Ação Direta de Inconstitucionalidade), proposta pela Associação Nacional dos Delegados de polícia (AND). Delegados de polícia civil discutindo direito e prerrogativas de militares, ao passo que a criminalidade avança e a impunidade reina no Brasil. Representantes de instituições discutem interesses corporativos na mais alta corte do país comprovam que não estamos no caminho certo.

Durante as operações em áreas de alto risco, ou nos bancos escolares de direito ou policiais, é natural surgir a indagação, por que meus irmãos de operações especiais, do CORE (coordenadoria de recursos especiais) ou do COT (comando de operações táticas), nos casos de operações com resultado morte, investigavam suas ocorrências sem qualquer questionamento. Ao passo que no BOPE tínhamos que apresentar a ocorrência em outra instituição, iniciando um ciclo incompleto de polícia, comprovadamente ineficiente, esses homens são tão diferentes ao ponto de ter tratamento jurídico diferenciado, acreditamos que não.

O homicídio dentro das condições previstas no artigo 9º do Código Penal Militar (com) é crime militar, devendo sua apuração ser realizada por autoridade militar, como ocorre atualmente nas forças armadas. A Constituição Federal veda categoricamente a apuração de crimes militares por autoridade civil, a mudança constitucional alterou a competência de julgamento dos crimes dolosos contra a vida para o tribunal do júri. Em momento algum foi alterada a competência de investigação, o que vem ocorrendo na prática, sem qualquer previsão legal.

Defendemos que nos casos de resistência armada contra a polícia militar em serviço com resultado morte, a apuração é da própria instituição, pela configuração pura e simples de existência em tese de crime militar. A argumentação se dá pelos argumentos jurídicos já citados, o contra-argumento de corporativismo não se sustenta, visto que o sistema persecutório criminal é autorregulatório, toda investigação passará pelo crivo do ministério público da auditoria de justiça militar estadual, instituição independente responsável pela fiscalização externa da atividade policial. É importante que as instituições sejam fortalecidas, o enfraquecimento institucional compromete diretamente a prestação de serviço. As polícias militares devem estruturar-se com unidades técnicas periciais, apurando os crimes militares com profissionalismo.

Em última análise, o estudado artigo 9º deixa claro que a função investigativa pode ser delegada, daí o nome delegado de polícia, não sendo exclusiva a uma única autoridade. Quanto mais servidores públicos competentes em instituições estruturadas investigando, pior para a criminalidade. Não é preciso disputar investigações, atualmente no Brasil existe crime e criminoso para todos, somos o país da violência e da impunidade. O importante é chegar na autoria e materialidade dos delitos e o modelo atual não funciona, as informações não fluem dentro do sistema incompleto de polícia. Pois enquanto gestores institucionais disputam cargos e privilégios, o operador primário do direito, policiais, e a população sofre nas mãos de uma criminalidade cada vez mais audaz e violenta.

A polícia ostensiva mais próxima dos elementos de informações, futuras provas, não a produz de regra, perdendo boa parte da materialidade com o passar do tempo. Em contrapartida, as informações produzidas no inquérito, fundamentais para o emprego do policiamento ostensivo e inibição dos crimes, não retornam para os policiais de ponta, sem a possibilidade de tirar o máximo rendimento das polícias. De fato, o nosso sistema é anacrônico, sem a integração das diferentes polícias, fica impossível a melhoria esperada.

Art. 5º Nos crimes de ação pública o inquérito policial será iniciado:
§ 3º Qualquer pessoa do povo que tiver conhecimento da existência de infração penal em que caiba ação pública poderá, verbalmente ou por escrito, comunicá-la à autoridade policial, e esta, verificada a procedência das informações, mandará instaurar inquérito.

A instauração de uma investigação criminal por meio de um inquérito policial não é uma faculdade da autoridade, entretanto apresenta algumas condições de execução dispostas no artigo supracitado e seus parágrafos. Inicialmente é importante que o policial operacional saiba definir não só a conduta delituosa, mas principalmente a ação penal específica de cada crime. Somente os crimes de ação pública incondicionada, assim como o próprio nome, permitem ação incondicional do estado e consequentemente das forças policiais, os demais necessitam de manifestação livre e consciente das vítimas ou de seus representantes legais, restringindo a atuação policial.

Geralmente os crimes de ação pública incondicionada, regra do código penal, apresentam maior nível de reprovabilidade, necessitando de intervenção imediata das forças policiais e, consequentemente, do poder judiciário. Sua realização não ofende somente a pessoa da vítima, mas a coletividade, gerando, em caso de inércia do poder público, impunidade e sensação de insegurança em toda a sociedade. Imaginemos um crime de roubo, previsto no artigo 157 do Código Penal, que envolve obrigatoriamente violência e grande ameaça, por se tratar de um crime de ação pública, não dependerá da manifestação da vítima para a atuação da polícia, seja no ato de prisão em flagrante ou na consequente investigação criminal.

Durante patrulhamento no centro da cidade, equipes da polícia militar flagram criminosos roubando pertences de transeuntes, ameaçando estes com cascos quebrados de garrafas de vidro. Após breve perseguição policial, os roubadores são capturados. Reunidas vítimas, testemunhas e a materialidade do delito, a vítima ao saber que se tratava de menores de idade sente piedade e manifesta aos policiais que não havia o interesse levar o conhecimento do fato ao poder público, visto que já havia recuperado seus pertences além de não ter o interesse de punir menores de idade. No exemplo prático, pouco importa a vontade da vítima, visto que o crime de roubo é de ação pública incondicionada e o prosseguimento da ação persecutória criminal é responsabilidade do estado, devido à gravidade do crime, a liberdade sem qualquer atuação estatal geraria cada vez mais crimes.

As demais ações penais, privada ou de ação pública condicionada à representação do ofendido, necessitam obrigatoriamente de manifestação da vítima para a instauração do inquérito policial. A primeira dúvida na cabeça do policial operacional é a de como conhecer a ação penal respectiva para cada delito, sendo encontrada, a resposta está no próprio código penal. A regra é o crime de ação penal pública incondicionada, caso o crime tenha ação penal distinta estará positivado no próprio tipo penal, basta uma simples consulta ao ordenamento jurídico, direito e leis não se decoram, consultam-se.

Deixar a decisão da atuação jurisdicional ou não do estado, por conta da vítima, pode representar um risco. Em muitos casos, mesmo após agressões, ainda há uma relação de apreço da vítima pelo seu próprio algoz, sendo uma espécie de Síndrome de Estocolmo. Antes do advento da Lei Maria da Penha (Lei 11.340/2006), os casos de violência doméstica eram considerados crimes de ação privada. Com o acionamento da polícia e a condução das partes para a delegacia, era comum a vítima ao perceber que seu companheiro sofreria as consequências legais, desisti de dar prosseguimento à autuação do fato, não restando outra alternativa aos policiais senão soltar o criminoso.

O início da investigação e a consequente reprimenda do poder público nos crimes de ação privada e pública condicionada não dependem do policial, mesmo que em alguns momentos seja revoltante, o policial tem de cumprir a lei e não fazer justiça sob seus parâmetros. O auto de prisão em flagrante ou a instauração de inquérito policial para o crime de ação penal privada só dar-se-á pela manifestação da vítima, entretanto os atos iniciais da prisão em flagrante como a voz de prisão ou captura e a condução será realizada pelo policial operacional, a fim de estabilizar o convívio social e restaurar a ordem pública.

Guarnição da polícia militar durante patrulhamento ostensivo depara-se com acidente de trânsito sem vítima. Um dos envolvidos, com ânimo exaltado, realiza uma série de insultos contra o causador da colisão, mesmo na presença dos policiais. Há uma configuração clara de crime contra a honra, sendo realizada a prisão em flagrante e a condução para a sede de polícia judiciária. Chegando ao local, já com os humores estabilizados, a vítima decide deixar por menos os xingamentos, por se tratar de crime de iniciativa privada, o estado perde a capacidade de reprimenda, sendo todos liberados sem iniciar a pretensão punitiva.

Art. 6º Logo que tiver conhecimento da prática da infração penal, a autoridade policial deverá:

O código de processo penal define e lista as medidas imediatas que devem ser adotadas pela autoridade policial logo que tomar conhecimento da prática delituosa, visando à celeridade de atuação do poder público. O problema de produção ou manutenção dos elementos de informação, fundamentais para a materialidade do crime e a definição dos autores, está na distância temporal entre o fato e a autoridade policial, de regra os delegados.

O já debatido ciclo incompleto de polícia gera uma incongruência que compromete todo o sistema, uma vez que o policial que se depara com o crime ou a comunicação imediata dele não investiga e quem investiga não está diretamente na rua. No artigo analisado, a figura da autoridade policial é restrita aos delegados de polícia civil, federal e os oficiais militares, especificamente a atuação destes na esfera castrense.

Dependendo do caso concreto, a eficácia de uma investigação está diretamente relacionada à velocidade dos atos investigatórios, visto a efemeridade dos elementos de informação. O policial operacional por vezes tem formação, conhecimento e competência limitada, restringindo-se à função de testemunha ou mero condutor da ocorrência. O elevado tempo de comunicação à autoridade de polícia, para só aí dar início aos procedimentos investigativos, poderá comprometer toda a investigação. Como já exposto no trabalho, as polícias trabalham desconectadas e dentro do sistema jurídico policial brasileiro, em que as instituições são interdependentes, a integração é condição fundamental para um resultado satisfatório para o aumento da responsabilização criminal e a consequente diminuição da impunidade.

I – Dirigir-se ao local, providenciando para que não se alterem o estado e conservação das coisas, até a chegada dos peritos criminais;

Nos crimes comuns, conhecidos geralmente como crimes de rua, a primeira autoridade pública a tomar conhecimento do fato é a polícia militar, seja pelo canal 190 ou durante o próprio patrulhamento, levando posteriormente o fato à autoridade policial, nesse caso, o delegado de polícia. Por óbvio, existe um lapso temporal importante entre o cometimento do fato delituoso, o conhecimento da primeira autoridade pública, de regra a polícia militar e o encaminhamento dos fatos à autoridade policial prevista no código de processo penal, geralmente o delegado de polícia civil.

Fatores como geografia, população, urbanização, ambiente operacional e a estrutura das próprias polícias civis e militares são variáveis importantes para a transmissão das informações relacionadas às práticas criminais entre a polícia ostensiva e judiciária. Em um país de dimensões continentais e realidades completamente distintas, a padronização do código de processo penal nem sempre se torna efetiva. A polícia militar é a única instituição presente em todos os municípios do país, atuando 24 horas por dia, em determinadas localidades. Realidade que vem melhorando ao longo dos anos, é que nem sempre é possível a existência da figura do delegado de polícia em distâncias razoáveis, fazendo com que os próprios policiais militares tomem medidas de polícia judiciária, contrariando os dispositivos do código, mas atendendo a necessidade populacional.

A lei determina que a autoridade de polícia judiciária comum, o delegado de polícia, dirija-se ao local do fato criminoso, preparando o ambiente para a chegada do corpo técnico de coleta de elementos de informações, denominados de peritos criminais, especificamente nos crimes que deixam vestígios. O dispositivo analisado demonstra claramente a incongruência do nosso sistema de ciclo incompleto de polícia. Como o delegado – que de regra exerce atividade burocrática, estando a maioria do tempo na unidade policial e por esse motivo não é o primeiro a receber a informação do cometimento do crime – fará uma preservação e preparação da cena do crime de forma efetiva.

Na prática, é a polícia militar a primeira instituição pública informada do crime, preserva o local, impedindo seu desfazimento e a contaminação das provas. Outra guarnição comunica à autoridade na delegacia da área e o delegado se for o caso vem ao local junto com os peritos, por fazerem parte da mesma instituição policial. Ao contrário do previsto no Código de Processo Penal, quem preserva o local inicialmente é a polícia ostensiva, por ter maior capilaridade, estando em direto contato com a população seja pelo patrulhamento ostensivo ou pelo canal de emergência 190.

O deslocamento até o local do fato pode durar horas e o tempo é um fator importante em uma investigação criminal. A distância entre a delegacia da área e o local do crime além das demandas da sobrecarregada polícia civil, principalmente nas grandes cidades, dificultam o cumprimento dos preceitos processuais penais, reafirmando o argumento de distanciamento entre teoria e prática. A desconexão entre as polícias compromete a investigação, o policial ostensivo chega à cena do crime com os elementos de informação mais claro, quanto maior a proximidade do cometimento do delito e a chegada da força policial, mais precisas serão as informações relevantes para a elucidação do delito. Um dos fatores de ineficiência do sistema é que a polícia ostensiva de regra não possui a função produção ou a coleta desses elementos, logo estes profissionais resumem a sua atividade a preservação do local de crime, perdendo até a chegada dos delegados informações que podem ser irrecuperáveis para a investigação.

Após ouvir disparos de arma de fogo, uma equipe da polícia militar que patrulhava a região é informada por transeuntes que dois homens baleados estariam caídos em uma região próxima. Chegando ao local, observam uma pequena aglomeração de pessoas, não tentativa frustrada de socorrer as vítimas, verificando que o local de crime já está consideravelmente comprometido. Os policiais afastam os curiosos, sabendo que em muitos casos podem ser as únicas testemunhas do fato e preservam o local. A formação, a lei e o "DNA" da polícia ostensiva fazem com que esses profissionais não se preocupem com a produção de elementos de informações, na prática são meros executores e não estão devidamente integrados ao sistema. As informações eventualmente perdidas comprometerão toda a investigação, ou seja, mais um assassino sairá impune, se não reformularmos urgentemente o nosso sistema e nossas instituições.

Sem outros meios de provas, tais como câmeras, georreferenciamento de telefones celulares, só as criticadas, juridicamente testemunhas de fato, poderão comprovar o cometimento de determinado crime. Por mais que a função de testemunhar seja obrigatória, essa precisa ser em primeiro lugar encontrada e, posteriormente, qualificada. Se o responsável por esse ato chega no local do crime horas depois e os primeiros policiais não têm tal preocupação, a probabilidade de perder uma futura prova fundamental é gigantesca. Esse é um dos motivos para tanta impunidade em nosso país, a produção de provas, fator de tomada de decisão do judiciário, começa deficitária na origem.

O ambiente operacional é algo fundamental para a aplicabilidade da lei processual penal. Durante operações do BOPE para captura de criminosos armados em área de mata atlântica na zona oeste do Rio de Janeiro, equipes policiais entram em confronto armado com mais de 80 traficantes armados com fuzis, granadas e metralhadoras. Tal ação jamais poderá ser tratada como policiamento, e sim como guerra irregular. O resultado do enfrentamento foi um policial vitimado letalmente, dois feridos e diversos traficantes mortos. A retirada das tropas do terreno levaria aproximadamente 3 horas de caminhada, os confrontos se reiniciavam a todo instante, a comunicação para a autoridade de polícia judiciária era impossível naquele momento, visto que até os aparelhos de comunicação funcionavam precariamente. Entre a segurança dos policiais e a realização de procedimentos administrativos, não há dúvidas que a vida dos policiais é a prioridade.

Após o resgate dos policiais feridos e do herói anônimo tombado, parte das equipes iniciam nova perseguição, por uma área de mata densa, atrás dos assassinos, ao passo que outras preservam o local de crime para a chegada das autoridades de polícia civil. A progressão a pé era inviável, foi necessária a utilização de uma aeronave para o deslocamento de delegados e peritos que, ao se aproximarem do local, quase foram abatidos por traficantes escondidos na área de mata, dando início a novos confrontos com as equipes do BOPE. O fato é, enfrentamos momentos de guerra, amparados por dispositivos legais e interpretações jurisprudênciais para tempos de paz e normalidade, por mais detalhada que seja a investigação ou processo, dificilmente tais detalhes serão autuados e, se forem, a própria norma penal e processual penal não estará preparada.

Não foi realizada perícia alguma, as questões de segurança comprometeram a realização de todo o procedimento investigativo. Não era possível o legislador prever tal realidade, mais uma vez, temos leis de paz aplicadas em momentos de guerra, a subsunção da norma ao fato nesse tipo de ocorrência se torna inviável. A problemática é que tal realidade por vezes não chega nos gabinetes de muitas autoridades, que, por desconhecimento total dessa realidade, tentam aplicar a norma de maneira pura e simples. No final da história, depois de muito tiro, explosões de granadas e mortes, a aplicação do direito se resumiu à responsabilização de alguns policiais no crime de fraude processual. Nosso ordenamento jurídico não precisa só ser atualizado, mas, sim, interpretado de acordo com a realidade, todos dentro do sistema jurídico policial devem conhecer a realidade um do outro, não basta o policial conhecer a lei, o juiz deve conhecer a polícia.

II – Apreender os objetos que tiverem relação com o fato, após liberados pelos peritos criminais;
III – colher todas as provas que servirem para o esclarecimento do fato e suas circunstâncias;

A ato de apreender materiais relacionados a práticas criminais pode ser dividido em apreensão de fato e a apreensão de direito, configurada esta pela autuação, realizada de regra pela polícia judiciária. Por mais que a doutrina discuta pouco o tema, a apreensão assim como a prisão em flagrante, assunto que ainda estudaremos no trabalho, pode ser dividida em três fases basicamente: i) apreensão propriamente dita; ii) autuação; e em casos específicos, como ocorrências envolvendo drogas, iii) comprovação da ilicitude.

De regra, o local de crime é de responsabilidade dos peritos criminais e sua alteração pode configurar crime de abuso de autoridade previsto no artigo 23 da Lei 13.869/2019. Como já debatido nos artigos acima, o lapso temporal entre o cometimento do delito, a comunicação à autoridade de polícia e a chegada do policial técnica ao local do crime podem levar horas. É a polícia ostensiva a primeira a tomar ciência do crime, não tendo legalmente, dentro do nosso sistema policial, responsabilidades apuratórias em crimes de natureza comum.

Surge uma dúvida comum nos policiais operacionais, como apreender objetos relacionados ao crime, sem contaminar sua cena, prejudicando a atuação técnica pericial e o resultado da investigação. A lei define que é a autoridade policial que deve zelar pela manutenção da cena do crime, até a chegada dos peritos, sendo que na prática são os policiais ostensivos que fazem essa missão de preservação, por estarem já nas ruas em contato direto com a população. A resposta para a dúvida não é simples, mas passa pela possibilidade de manter ou não a segurança e a estabilidade da ordem pública, das equipes policiais e dos terceiros envolvidos ou não na ocorrência.

O direito tem por objetivo regular e padronizar condutas, entretanto, as dinâmicas criminais e principalmente operacionais variam de acordo com os envolvidos e, principalmente, com o ambiente operativo. A mencionada realidade faz com que nenhuma ocorrência seja idêntica a outra, aumentando a distância entre a teoria, representada pelas leis, e a prática, realidade vivida pelo policial na linha de frente do enfrentamento à criminalidade violenta, aplicando o direito.

Durante intensa troca de tiros, criminoso cai ao solo portando seu fuzil com carregador parcialmente alimentado. Ao aproxima-se do baleado, sem ter a certeza de estar vivo ou morto, a primeira providência do policial é desarmar o agressor, apreendendo imediatamente o objeto lesivo, a arma de fogo. A vida do policial é a prioridade, como bem jurídico de maior hierarquia jurídica, sempre será a prioridade. A alegação de possível fraude processual, recentemente com tipificação especial na nova Lei de Abuso de Autoridade, agravando a conduta, não se sustenta, visto que no caso concreto o policial operacional não tem o especial fim de agir previsto no tipo especial, beneficiar-se a si próprio ou a terceiro, além de estar agindo em estado de necessidade, a vida jamais deverá ser colocada em risco para a realização de procedimentos administrativos ou judiciais.

As polícias civis não apresentam a estrutura e os investimentos adequados para fazer frente às suas demandas. A quantidade de crime no país é absurda. Nunca é demais reforçar que apesar da impunidade ser uma das causas da problemática da segurança pública, não seria justo atribuir tal ineficiência do sistema a essa importante instituição do sistema policial brasileiro. O ideal seria a realização de perícia em todas os crimes que deixam vestígios, mas o número de peritos e as condições internas e externas de trabalho acabam por criar uma espécie de definição de prioridades, mas a questão é quem define o que deve ser investigado detalhadamente ou não?

A prova pericial é a mais importante de todas, os elementos ali colhidos e trabalhados pelo corpo técnico apresentam maior precisão, fazendo toda a diferença no processo e consequentemente no julgamento. O grau de precisão e importância dessa prova aumenta a necessidade de melhoria nos atos de preservação, coleta e armazenamento realizados pelos órgãos policiais. As recentes alterações do Código de Processo Penal introduziu, a partir do artigo 158 A, a denominada cadeia de custódia. O avanço legal definiu todos os procedimentos relacionados ao trato dos elementos de informação e das provas, padronizou a procedibilidade dos elementos probatórios, aumentando o rigor, podendo gerar inclusive nulidade delas, trazendo consequências para todo o processo.

Com exceção do homicídio, dificilmente os demais crimes terão atuação pericial imediata, devendo o policial operacional saber apreender os materiais devidos, fundamentando a sua ação na apresentação da notícia-crime em sede de polícia judiciária. As polícias ostensivas são de regra preparadas para a atividade operacional, a qualidade que possuem no enfrentamento à criminalidade violenta e a mesma dificuldade na realização de atos burocráticos como por exemplo a de autuação de delitos. De fato, as polícias ostensivas não compreendem sua importância dentro do sistema persecutório criminal, e isso é uma problemática comprometedora.

Uma prisão em flagrante malfeita, uma abordagem sem fundamento jurídico, a ausência de elementos de convicção ou apreensões indevidas serão desconstituídas em fase processual, normalmente colocando criminosos em liberdade, por um erro formal. De nada adianta reclamar do judiciário, se não fazemos a nossa parte, o mesmo policial que troca tiro em inferioridade numérica e bélica não consegue fazer uma notícia-crime perfeita ou prestar um testemunho seguro. Enfrenta o criminoso mais violento, mas na frente de um delegado, juiz ou promotor, sente-se inseguro e comete erros básicos, sendo essa fragilidade aproveitada para a defesa, que normalmente não está preocupada com o todo, senão colocar seu cliente em liberdade, independente dos efeitos que tal ação terá na segurança pública e estabilidade social como um todo.

Durante operação contra o tráfico de drogas, policiais militares flagram boca de fumo em pleno funcionamento, após reação armada e breve perseguição prendem um dos traficantes desarmado, com pequena quantidade de droga e dinheiro em espécie. Ao registrar a ocorrência, delegado, conhecedor da atividade policial e da localidade do fato, capitula o fato como tráfico, baseando-se apenas no relato dos policiais e os bens apreendidos, dinheiro e pequena quantidade variada de droga. Na fase processual, o argumento defensivo era a desclassificação da conduta para o crime de porte para uso, muito mais brando. Os policiais, únicas testemunhas, tinham certeza de que aquele réu era um traficante, mas em sede processual o que vale são argumentos e conteúdo probatório, que devem ser produzidos desde o primeiro momento.

Nossa Lei de Drogas, em seu artigo 28, § 2º, adota o critério subjetivo para a diferenciação da conduta de porte para uso e tráfico. O ponto que pesou para a desclassificação do crime foi a fraca produção dos elementos de convicção pelos operadores primários do direito. O réu era primário e de bons antecedentes, a natureza da droga em pequena quantidade e o dinheiro em espécie se justificava pela condição de qualquer usuário. Faltou além do depoimento mais elaborado dos policiais, a configuração de que o indivíduo fazia parte de uma facção criminosa, que poderia ser comprovado por uma filmagem ou até pela apreensão de materiais de *"endolação"*, ou de embalar as drogas, que normalmente fazem alusão à facção criminosa local, que, por erro, não foi apreendido ou mencionado em nenhum dos depoimentos dos policiais.

O argumento da defesa sobressaiu, um traficante foi solto como usuário, nossas leis são falhas, o judiciário desconhece por vezes a realidade, mas também temos nossa parcela de culpa, reclamar dos outros sem melhorar nossa atuação não resolverá o problema. Ao contrário do que aprendemos, todo depoimento e principalmente o primeiro, em sede de polícia judiciária, deve ser o mais detalhado possível, aproveitando o que acabará de acontecer. O desconhecimento dos detalhes legais também poderá comprometer o julgamento, reforçando o dito popular de que *a polícia prende e o judiciário solta*, mas o importante é destacarmos qual foi a participação dos policiais nessa soltura.

Art. 14-A. Nos casos em que servidores vinculados às instituições dispostas no art. 144 da Constituição Federal figurarem como investigados em inquéritos policiais, inquéritos policiais militares e demais procedimentos extrajudiciais, cujo objeto for a investigação de fatos relacionados ao uso da força letal praticados no exercício profissional, de forma consumada ou tentada, incluindo as situações dispostas no art. 23 do Decreto-

Lei nº 2.848, de 7 de dezembro de 1940 (Código Penal), o indiciado poderá constituir defensor.

§ 1º Para os casos previstos no caput deste artigo, o investigado deverá ser citado da instauração do procedimento investigatório, podendo constituir defensor no prazo de até 48 (quarenta e oito) horas a contar do recebimento da citação.

§ 2º Esgotado o prazo disposto no § 1º deste artigo com ausência de nomeação de defensor pelo investigado, a autoridade responsável pela investigação deverá intimar a instituição a que estava vinculado o investigado à época da ocorrência dos fatos, para que essa, no prazo de 48 (quarenta e oito) horas, indique defensor para a representação do investigado.

§ ~~3º (VETADO).~~
§ ~~4º (VETADO).~~
§ ~~5º (VETADO).~~

§ 3º Havendo necessidade de indicação de defensor nos termos do § 2º deste artigo, a defesa caberá preferencialmente à Defensoria Pública, e, nos locais em que ela não estiver instalada, a União ou a Unidade da Federação correspondente à respectiva competência territorial do procedimento instaurado deverá disponibilizar profissional para acompanhamento e realização de todos os atos relacionados à defesa administrativa do investigado.

§ 4º A indicação do profissional a que se refere o § 3º deste artigo deverá ser precedida de manifestação de que não existe defensor público lotado na área territorial onde tramita o inquérito e com atribuição para nele atuar, hipótese em que poderá ser indicado profissional que não integre os quadros próprios da Administração.

§ 5º Na hipótese de não atuação da Defensoria Pública, os custos com o patrocínio dos interesses dos investigados nos procedimentos de que trata este artigo correrão por conta do orçamento próprio da instituição a que este esteja vinculado à época da ocorrência dos fatos investigados.

§ 6º As disposições constantes deste artigo se aplicam aos servidores militares vinculados às instituições dispostas no art. 142 da Constituição Federal, desde que os fatos investigados digam respeito a missões para a Garantia da Lei e da Ordem.

O popularmente conhecido pacote anticrime, positivado pela Lei 13.964/2019, trouxe diversas alterações em diferentes dispositivos jurídicos, com destaque para o artigo 14 A do Código de Processo Penal. O artigo agora estudado aborda importante tema: a defesa dos policiais em investigações criminais relacionadas ao uso da força. A proposta do direito operacional não é só a melhoria dos conhecimentos jurídicos e consequente melhoria na atuação profissional e prestação de serviço, mas pode e deve servir como instrumento de defesa dos policiais que expõem não somente a sua vida, mas principalmente sua liberdade durante o exercício profissional.

Trabalhar operacionalmente é andar sobre uma linha tênue entre a legalidade e a ilegalidade, entre a omissão ou o abuso de autoridade. Os possíveis erros são potencializados com a agravante da condição de garante, prevista no artigo 13, § 2º, do Código, respondendo não pela omissão, como os demais, mas, sim, pelo resultado do ato. Qual policial operacional não foi investigado criminalmente, a mera submissão a um procedimento investigativo traz graves prejuízos a estes profissionais?! Incessantes, oportunistas e, por vezes, irresponsáveis explorações midiáticas trazem consequências administrativas tais como exonerações e estagnação do fluxo de carreira e geram prejuízos financeiros. A necessidade de defesa é uma realidade e um bom defensor custa caro. O estado expõe seus agentes, mas, na hora de submissão ao sistema persecutório criminal, deixa-os sozinhos, contra a pesada atuação jurisdicional do mesmo estado que juramos defender.

A alteração legislativa é uma tentativa de reverter esse quadro, propiciando mais apoio aos homens e mulheres expostos ao enfrentamento ao crime e atuantes na prestação do serviço de segurança pública. Afirmamos categoricamente ser uma tentativa, visto que sua efetividade prática pouco mudou a realidade dos policiais em três anos. A norma traz uma série de imprecisões técnicas e de aplicabilidade, sendo usada mais para fins eleitoreiros, prática comum em nossa sociedade. O dispositivo legal tem fundamental importância, mas sem aplicabilidade só gerou empolgação nessa importante massa de eleitores, que mesmo com o advento da norma continuam sozinhos e desamparados em suas defesas, comprovando que o banco dos réus é solitário.

O artigo vem na linha de uma corrente jurídica importante, que defende a realização do contraditório e da ampla defesa mitigada, em processos administrativos, ou seja, dentro dos inquéritos policiais. Tanto o *caput* quanto o parágrafo primeiro trabalham com a faculdade, utilizando os termos "poderá" e "podendo constituir defensor", repetindo dispositivos constitucionais, previstos no Estatuto dos Advogados (Lei 8.906/1994), que determina a atuação de defesa dentro de procedimentos investigativos. A recente Lei de Abuso de Autoridade (Lei 13.869/2019) foi além, constituindo como crime a conduta de prosseguir com interrogatório de pessoa que manifestou a necessidade de defensor no ato, importante observação para policiais alvo de inquéritos.

A questão principal da efetividade do dispositivo jurídico está no fato de quem deverá realizar a defesa do policial, submetido à investigação criminal relacionada ao uso da força, geralmente nos denominados autos de resistência. Os parágrafos vetados definiam que competia tal defesa à defensoria pública dos estados ou da união, dependendo da origem dos servidores envolvidos nesse tipo de investigações criminais. O veto se deu por razões técnicas, pela clara inconstitucionalidade do artigo, visto que a atuação da defensoria pública, de acordo com nossa Constituição Federal, resume a atuação da defensoria na defesa de pessoas com insuficiência de recursos.

A atuação da defensoria na defesa dos policiais militares seria algo atualmente inimaginável. Pelo menos no estado do Rio de Janeiro, esse importante e fundamental órgão vem por meio de seus gestores e integrantes realizando um verdadeiro ativismo institucional, colocando-se em inúmeros casos contra a atuação das polícias, principalmente em ocorrências operacionais, comprometendo assim a atuação de toda a instituição.

Caso concreto que fundamenta a argumentação acima, foi a atuação da defensoria pública após operação policial em favela da região central do Rio de Janeiro. Após intenso confronto armado, nove criminosos foram encontrados feridos no interior de uma residência, sendo socorridos e vindo a óbito posteriormente, gerando grande comoção popular e apelo midiático.

A referida ocorrência tomou vulto, gerando inúmeros debates, por razões óbvias, nem no Rio de janeiro uma ocorrência com nove mortos pode ser tratada como algo comum, devendo ser apurada detalhadamente pela própria segurança dos policiais. Além das pressões da mídia e de diferentes órgãos da sociedade civil, ligados a movimentos políticos e de direitos humanos, chamou bastante a atenção a atuação da defensoria pública, que ao invés de propor a defesa dos policiais, colocou-se ao lado do ministério público com auxiliar de acusação. Por mais que cause estranheza até para os estudantes de direito, a defensoria atuou como auxiliar de acusação, contrariando até o próprio nome da instituição, que alegava defender os interesses coletivos e direitos humanos, abandonando os policiais, que ao contrário do defendido por muitos, também são humanos e não foram trabalhar para tirar a vida de ninguém, mas as dinâmicas operacionais são mais céleres do que as jurídicas e políticas.

O ativismo da defensoria pública do Rio de Janeiro é recorrente, a própria ADPF 635, conhecida como ADPF das favelas, restringiu as operações policiais em virtude da pandemia da Covid-19 e perdura até hoje. Tal ação judicial foi uma iniciativa da defensoria pública em associação com partidos políticos e ONGs que atuam no interior de comunidades, localidades sob forte influência do tráfico de drogas. É perigoso quando instituições públicas tomam lado em discussões sociais e políticas, ao fazer isso renunciam ao critério técnico e da isenção necessária para a prestação de serviço público de extrema importância, priorizando a defesa de interesses pontuais e não da coletividade, muitas vezes sem ouvir direito que tanto defendem, o contraditório.

O papel da defesa dos servidores policiais, envolvidos em auto de resistências, caberia à figura dos procuradores dos estados. São estes que apresentam capacidade postulatória, devendo ser regulamentada essa atividade o mais rápido possível, porque só assim a letra da lei sairia do papel entrando em vigor. Enquanto esperamos leis efetivas e medidas concretas para a defesa dos policiais, estes servidores, além de todas as dificuldades, continuam arcando com os altos custos de defesas em investigações criminais relacionadas às ocorrências, que o dever legal lhe impõe.

Art. 17. A autoridade policial não poderá mandar arquivar autos de inquérito.

Apesar da pouca relação do artigo 17 com a atividade operacional, foco principal da obra, o dispositivo consagra uma característica fundamental do inquérito policial, a indisponibilidade do procedimento por parte do delegado de polícia ou pelo oficial das instituições militares. Instaurado o procedimento, a autoridade investigadora não poderá determinar seu arquivamento, comprovando assim importante e fundamental característica do nosso sistema jurídico policial: a autorregulação institucional.

O falacioso argumento de que as instituições policiais podem ser corporativistas na investigação de seus pares, usando principalmente contra as polícias militares, levando ao esvaziamento da investigação militar, não se sustenta. O destinatário final do procedimento é órgão diverso, nesse caso o ministério público, não cabendo aos integrantes da instituição dos investigados responsável pela apuração a decisão final.

CAPÍTULO 2

PROVAS ILÍCITAS

Art. 157. São inadmissíveis, devendo ser desentranhadas do processo, as provas ilícitas, assim entendidas as obtidas em violação a normas constitucionais ou legais.

§ 1º São também inadmissíveis as provas derivadas das ilícitas, salvo quando não evidenciado o nexo de causalidade entre umas e outras, ou quando as derivadas puderem ser obtidas por uma fonte independente das primeiras.

Saímos do artigo 17 para o 157 do Código de Processo Penal, demonstrando um dos argumentos base do direito operacional, é melhor dominar preceitos específicos da norma, relacionados à atividade operacional do que procurar conhecer todo o código de maneira superficial que nunca serão colocados em prática por um policial. Tecnicamente só falamos de provas dentro do processo, com base na submissão das informações colhidas na fase inquisitorial aos direitos fundamentais do contraditório e da ampla defesa.

A função da polícia seja ela ostensiva ou judiciária é a produção ou coleta dos denominados elementos de informação ou convicção. É importante destacar que o direito à prova não é absoluto, assim como os demais direitos previstos em nosso ordenamento jurídico. Por vezes, é de difícil entendimento para os policiais operacionais a inadmissibilidade de provas consideradas ilícitas, em que formalidades previstas em nossa lei inviabilizam o resultado de ocorrências policiais de bons resultados operacionais.

A questão é simples, em um estado democrático de direito, os fins não justificam os meios, a defesa, de regra, não tem o comprometimento com o sistema jurídico policial e seu impacto na segurança pública, explorará as fragilidades probatórias, muitas vezes produzida pelo policial de ponta. O objetivo da defesa é soltar ou evitar que o cliente seja preso, independentemente de sua periculosidade. A importante e fundamental atividade de advocacia, que um dia todos precisaremos dela, é mercantil, com isso não importa as consequências futuras no processo, estes profissionais atendem aos interesses dos clientes, e o questionamento da legalidade das provas produzidas sempre será um forte argumento.

São inúmeros os exemplos práticos de inadmissibilidade de provas ilícitas, que por aplicação da teoria do fruto da árvore envenenada contamina todo o processo. Por exemplo, durante patrulhamento em área sob forte influência e atuação do tráfico de drogas, uma equipe entra em confronto armado com criminosos locais, iniciando perseguição pelos estreitos becos de perigosa comunidade carioca. Após cessados os disparos, policiais iniciam um vasculhamento na região, adentrando em todas as casas próximas ao local do enfrentamento. Ao observarem uma residência com as portas abertas, entram, encontrando indivíduo escondido com grande quantidade de droga. Preso em flagrante, menos um traficante colocando não só a polícia em risco, mas a sociedade e a saúde pública com sua traficância.

Não só para os leigos, mas também muitos policiais entendem tal prisão como legítima o que de fato, dependendo do caso concreto, não é. O ambiente jurídico exige rígida formalidade, para os juristas os resultados práticos de uma boa prisão jamais se sobrepõem aos princípios da legalidade processual, mesmo essa em muitos casos, contrariando o interesse público. A busca domiciliar exige condições específicas para a flexibilização do direito à intimidade do lar, denominada de fundadas razões, tópico que estudaremos em artigo específico. A condição de porta aberta mesmo após um intenso confronto não é entendida como condição permissiva, por mais que represente aparente suspeição de fuga de criminosos. Esse fato de maneira operacional, mas não juridicamente justificante, foi utilizado pela defesa, inviabilizando a prova, arguindo sua ilicitude, gerando nulidade na apreensão das drogas e na subsequente prisão do traficante.

Fatos como estes geram revolta nas equipes policiais, entretanto a formalidade legal deve ser cumprida para todos, é a regra do jogo, aprendemos a jogar com elas ou continuaremos perdendo. Um traficante solto, encontrado com grande quantidade de drogas tem impacto direto não só na sociedade, mas principalmente na motivação policial. Como policial entendemos perfeitamente a situação, entretanto o enfrentamento à criminalidade jamais poderá ser um salvo-conduto para a violação de direitos e princípios fundamentais, pois nunca saberemos quem será a próxima vítima. Nós mesmos policiais podemos estar a qualquer momento no lado oposto do processo, a variação dos polos de autor para vítima é um detalhe para os agentes policiais.

O policial deve entender, de uma vez por todas, que a atividade operacional não pode ser baseada pelo pensamento equivocado de vale tudo pela ocorrência. Polícia é mais que um emprego, para muitos é um sacerdócio, tirar um criminoso de alta periculosidade de circulação, aprender armas e drogas que destroem famílias inteiras no Brasil não tem preço, mas nada justifica agir à margem da lei, sob pena de consequências graves em âmbitos penal e processual, não só para o autor, mas para o próprio policial. Penalmente, a conduta de inovação processual pode representar abuso de poder e, processualmente, a invalidação da prova gerará a libertação de criminoso reconhecido de fato, mas não de direito. Que fique a dica, excesso de iniciativa também mata ou prende o combatente.

Assim como qualquer ramo do conhecimento humano, as sociedades estão mais ou menos evoluídas em termos de discussões jurídicas, dando ou não celeridade nas respostas jurídicas às atividades criminais. Sem entrar detalhadamente no mérito da questão, reconhecemos o atraso legislativo brasileiro com relação ao enfrentamento à criminalidade. Levando em consideração que estamos entre os países mais violentos do mundo, o garantismo exacerbado – por vezes observado em nossa jurisprudência, restringindo a atividade policial – deixa poucas ou ultrapassadas ferramentas para o policial de ponta, principalmente para o enfrentamento à criminalidade violenta, podendo ser facilmente identificado como fatores potencializadores do nosso momento caótico na segurança pública.

Teoria polêmica e controversa adotada nos Estados Unidos, conhecida como teoria do cenário da bomba relógio, relativiza ao extremo a aceitação de provas ilícitas ao processo. Reafirmamos que o exemplo é extremado, mas traz à tona a importância da discussão progressista dos aspectos jurídicos. A comunidade americana, que possui índices de segurança pública melhores que os nossos, debate em torno da possibilidade da utilização da tortura contraterroristas, em casos excepcionalíssimos, visando descobrir localização de explosivo que colocaria em risco a vida de milhares de pessoas. No Brasil, tal discussão é inviável, pela vedação expressa da abominável prática, o que concordamos, entretanto o que defendemos é que tenhamos mais flexibilidade nas interpretações jurídicas para conseguirmos maior efetividade no enfrentamento à criminalidade.

A análise do caso concreto deve ser pró-sociedade. Soltar traficantes de drogas e armas, sequestradores, homicidas e até mesmo estupradores por uma formalidade extremada, que por vezes passa despercebida pelo policial de ponta e é oportunamente usada pela defesa, sem dúvidas não atendem ao interesse social, mesmo estando formalmente legalizada. Que fique claro que não defendemos qualquer ilegalidade, reforço, somos escravos da lei, mas a discussão deve ser feita, considerar ilegal a prisão de um assassino, por inexistência da leitura de direitos, de utilização indevida de algemas ou até mesmo da entrada na residência em poucos minutos após o término do dia, soa no mínimo valorização legal desmedida ou desconexão completa da realidade. Em um país que está à beira do caos quando o assunto é violência e criminalidade, temos de repensar o direcionamento legislativo, de nada adianta aplicar leis e entendimentos jurídicos de países desenvolvidos no país que mais se mata no mundo.

Reclamar do sistema legal por si só não é o caminho para mudar nossa realidade. Para o policial e operador primário do direito, é fundamental a ampliação do conhecimento jurídico para que procedimentos legais e operacionais adotados no início do processo persecutório não comprometam o resultado do final do processo. Criminosos de alta periculosidade presos, com alto risco aos policiais e à população local, soltos pelo descumprimento de formalidades legais. Por mais que, em determinados momentos, percebamos que a lei e, principalmente, seu entendimento atrapalhem o serviço policial, seu questionamento é valido pelos meios legais. Não é nas ruas que deve ser flexibilizado o ordenamento legal, sob pena de responsabilização dos agentes policiais, não é essa a nossa função. Descumprir a lei, coloca-nos nas mesmas condições daqueles que tanto questionamos e buscamos tirar do convívio social: os criminosos. Atuar dentro da legalidade é o indispensável diferencial de um policial.

CAPÍTULO 3

EXAME DE CORPO DE DELITO

Art. 158. Quando a infração deixar vestígios, será indispensável o exame de corpo de delito, direto ou indireto, não podendo suprilo a confissão do acusado.

Ainda dentro do capítulo das provas, o artigo 158 trabalha a questão da prova pericial. A lei deixa clara a importância dessa prova, por mais que a doutrina afirme não haver hierarquia entre os diferentes meios de provas, data máxima vênia, ousamos em discordar, afirmando que as provas técnicas, produzidas por profissional especializado, apresentam maior peso, no livre convencimento do magistrado.

O ideal é que qualquer decisão dentro do processo, final ou interlocutória, seja baseada pelo conjunto probatório, mas nem sempre é possível, dependendo do caso concreto, a disponibilidade de mais de um meio de prova. O conhecimento em direito operacional, além da função de melhoria da prestação de serviço dos policiais operacionais dentro do denominado sistema jurídico policial, produzindo ou preservando elementos de convicção mais precisamente. Não menos importante, tem a função de instrumento de defesa dos agentes policiais, quando do exercício da função de testemunha ou de acusados do cometimento de crimes.

A prova testemunhal, conhecida na doutrina como a prostituta das provas, tal nomenclatura, deixa clara a existência, mesmo que informalmente, de hierarquia das provas. Pela fragilidade desse meio de prova, sempre que possível será comprovada ou contradita por prova pericial. É sempre importante reforçar que o instituto da fé pública, que afirma que a palavra do agente público tem supremacia sobre a palavra do particular, vem sofrendo um esvaziamento, principalmente nos casos envolvendo policiais. Os fatores do fenômeno de enfraquecimento da fé pública dos policiais são diversos, inclusive o fato de policiais faltarem com a verdade em seus depoimentos. Não estamos aqui para defender a classe policial custe o que custar, erros acontecem, mas jamais podemos tratar a exceção como regra, punindo todos em detrimento de uma minoria que não honra a profissão, atuando fora dos parâmetros legais.

Em investigação militar relacionada a auto de resistência, durante a oitiva dos policiais diretamente envolvidos na ocorrência, agentes fornecem depoimento padrão. Com o mínimo de detalhes possível: "avistamos elementos armados no beco, após troca de tiro, reagindo à injusta agressão, encontramos os indivíduos armados caídos ao solo, socorrendo estes ainda com vida para o hospital mais próximo". Contrariando o depoimento dos policiais, a prova técnica, exame cadavérico, afirmava que os disparos foram de cima para baixo, contrariando a informação de confronto no beco. A angulação e direcionamento do tiro contrariava o depoimento dos policiais.

Os policiais estariam mentindo ou omitindo algo, esqueceram da ocorrência visto a repetição de confrontos e fatos desse tipo em sua atividade, difícil a distinção imediata. No ambiente que estamos inseridos, onde existe uma espécie de presunção de culpabilidade em relação à palavra dos policiais, a alternativa, de falta de verdade, fortalecer-se-á na fase investigativa e, principalmente, processual do caso. As provas devem seguir na mesma direção, havendo controvérsia entre os meios probatórios, sem dúvidas a prova técnica impor-se-á.

Corpo de delito, ao contrário do senso comum, não representa exclusivamente o corpo humano, mas, sim, todo material que tenha vestígio capaz de ser recuperado pelo homem ou por equipamento especializado e um procedimento investigativo. Determinada vítima é encontrado morta dentro do seu veículo, a prova técnica não trabalhará somente no corpo da vítima, por meio do laudo cadavérico, mas será buscada em elementos de convicção no veículo, arma do crime, caso exista e até mesmo nas vestimentas da vítima, buscando informações que levem à autoria e à materialidade do crime, devendo todo material ser preservado e apreendido.

O artigo afirma ser indispensável o exame de corpo de delito para as ocorrências não transeuntes, ou seja, para aquelas que deixam vestígios. Surge aí a importância da preservação do instrumento criminal ou do local onde ocorreu o delito, visando preservar os elementos de convicção ou indícios fundamentais para a elucidação do crime. Como já debatido, o nosso sistema policial, denominado ciclo incompleto de polícia, é contraditório, visto que é a polícia ostensiva a primeira a chegar na cena do crime, não possui responsabilidade direta na atividade investigativa prevista no Código de Processo Penal.

Se não há materialidade não há crime, essa é uma das regras básicas do direito. Mas toda a regra tem exceção, por mais que o artigo afirme ser imprescindível a realização de exame pericial, existem outros meios de prova que podem configurar o delito. Duas leis especiais fundamentais para a atividade policial operacional, que abordam a questão de diversidades de meios de provas, são denominadas como Lei de Drogas, 11.343/2006 e Lei de Armas, 10.826/2003, normalmente conectadas principalmente pela conduta de tráfico de entorpecentes.

Com relação à Lei de Drogas observamos posicionamentos distintos com a relação da existência ou não de elementos sujeitos ao exame de corpo de delito. A conduta criminosa despenalizada e não descriminalizada de porte de drogas para uso, prevista no artigo 28 da lei, necessita de materialidade para sua comprovação. O caso prático facilitará o entendimento. Assim, temos um exemplo em que: Policial em patrulhamento observa indivíduos usando drogas em ambiente público, o que não é crime, segundo entendimento majoritário, usar droga não é crime. Ao realizar a abordagem não encontram o entorpecente, como diz muitos usuários "já era", "está na mente". Segundo o entendimento majoritário da doutrina e da jurisprudência, que caminha na direção de descriminalização do uso de droga, sem a substância para a realização do exame técnico, não há crime. Mesmo com outros meios de prova, tais como vídeos ou testemunhas, a ausência de droga afasta a conduta delituosa, segundo o entendimento jurídico majoritário.

A contrário senso, o entendimento para a conduta mais gravosa, tráfico, prevista no artigo 33 da mesma lei, nem sempre há necessidade de apreensão da droga, para prender e condenar alguém na conduta analisada (3). Durante patrulhamento, policiais observam indivíduos com a "boca de fumo" montada, vendendo drogas em plena luz do dia. Por mais que o crime de tráfico tenha várias condutas previstas, a ação delituosa em questão era especificamente a venda. Ao ver a equipe policial, os criminosos correm e ao passar por um valão a céu aberto se desfazem do material entorpecente e do armamento.

A audácia criminosa não tem limite, e de fato em muitos casos o sistema os favorece. A informação está disseminada e até os criminosos tem livre acesso, aprendendo o que denominamos de direito de sobrevivência. Ao ser preso, o criminoso argumenta com os policiais que não poderia ser preso, e se fosse seria absolvido, porque nada foi apreendido com ele. De fato, tanto o Código de Processo Penal quanto a própria Lei de Drogas exigem a materializada, entretanto, existem casos excepcionais que outros meios de prova podem configurar o delito de tráfico, ou até mesmo a associação para o tráfico, previsto no artigo 35 da Lei de Drogas.

Depender somente do depoimento do policial como meio de prova é um risco, pelos motivos aqui já mencionados e que ainda abordaremos. No caso concreto, o traficante preso, não contava, que a equipe já havia produzido outros elementos de convicção, confirmando a conduta delituosa. Toda incursão policial era filmada e, antes mesmo da entrada das equipes operacionais, equipes de inteligência localizadas em pontos estratégicos filmaram o preso cometendo diversos crimes. Mesmo sem a substância ilícita para a submissão de exame de corpo de delito, no caso específico a droga, foi possível realizar a prisão do indivíduo pelos crimes relacionados às leis de drogas.

CAPÍTULO 4

CADEIA DE CUSTÓDIA

Art. 158-A. Considera-se cadeia de custódia o conjunto de todos os procedimentos utilizados para manter e documentar a história cronológica do vestígio coletado em locais ou em vítimas de crimes, para rastrear sua posse e manuseio a partir de seu reconhecimento até o descarte.

§ 1º O início da cadeia de custódia dá-se com a preservação do local de crime ou com procedimentos policiais ou periciais nos quais seja detectada a existência de vestígio.

§ 2º O agente público que reconhecer um elemento como de potencial interesse para a produção da prova pericial fica responsável por sua preservação.

§ 3º Vestígio é todo objeto ou material bruto, visível ou latente, constatado ou recolhido, que se relaciona à infração penal.

As alterações introduzidas pela Lei 13.964/2019, conhecida popularmente como pacote anticrime, que prometia medidas de maior endurecimento legal com relação aos criminosos, foram politicamente esvaziadas, além de criarem importantes instrumentos de caráter mais garantistas como a denominada cadeia de custódia. A proteção do vestígio, definido no parágrafo terceiro do artigo, é fundamental para a tomada de decisão final do processo, as provas que fundamentam a decisão do judiciário são originárias dos vestígios de crimes, que antes do advento da lei não era devidamente regulamentada sua instrumentalização.

A questionada lei, por garantistas e abolicionistas penais, representa um importante avanço argumentativo por parte das defesas, ampliando a possibilidade de argumentação de vício probatório, parametrizando não só a coleta, alvo de nosso estudo, mas também a análise e o arquivamento dos vestígios e provas. O início da cadeia de custódia se dá com a preservação do local de crime, que apesar da omissão completa por parte do código de processo penal com relação às polícias ostensivas, são estes profissionais que realizam esse importante ato preparatório investigativo.

A referida omissão dá a entender que a polícia ostensiva não é elemento participante do sistema persecutório penal, e que as atribuições de auxílio ao poder judiciário se concentram na polícia investigativa ou judiciária, mas pode se entender tal silêncio pelo contexto histórico de promulgação do nosso código. É a polícia militar por seu efetivo, missão institucional de policiamento ostensivo, estando nas ruas constantemente ou até mesmo por conta dos canais de comunicação institucional, com destaque aos telefones de emergências, o primeiro representante do poder público a tomar ciência de um possível fato delituoso.

O aparente ato menos importante de preservação do local de crime é fundamental para o resultado da investigação criminal e consequente apreciação judicial, sendo a função do policial operacional de extrema relevância dento do sistema jurídico policial. Nesse aspecto, o sistema policial brasileiro de ciclo incompleto de polícia é contraproducente, visto que o primeiro policial a chegar à cena do crime não tem a atribuição direta de começar a investigar o possível crime, correndo o risco de até a chegada de outras equipes de elementos de informação e vestígios desaparecerem, comprometendo o resultado da investigação.

A Portaria n. 82/2014 da Secretaria Nacional de Segurança Pública (SENASP) regulamenta o assunto, sendo replicada pelos entes federativos, orientando suas respectivas polícias. De regra, o local de crime divide em: área imediata, mediata e relacionada, podendo haver em todas elas importantes elementos de informação relacionados ao delito. Na denominada área imediata é especificamente onde ocorreu o crime, a mediata são os arredores que podem conter vestígios e as relacionadas são aquelas que podem estar relacionadas com o crime mesmo não estando próximas ao fato.

A polícia militar é acionada para um crime de feminicídio, chegando ao local encontra o corpo da mulher caído ao solo a princípio esfaqueado. Preservam a área imediata e, fazendo uma primeira análise na cena do crime, percebem uma possível rota de fuga, por um terreno baldio no fundo da casa, sendo caracterizada uma área mediata, importante para a coleta de possíveis indícios. Com a presença dos policiais operacionais, e por se tratar de um crime de grande repulsa social, transeuntes comentam que o assassino era um ex-namorado da vítima, que moraria a metros de distância do local do crime.

De pronto parte da equipe se dirige ao local, visando prender o acusado baseado em um possível flagrante impróprio ou presumido, tema que trabalharemos em tópico específico. Por se tratar de uma área de difícil acesso, no alto de uma comunidade sob influência do tráfico de drogas, o deslocamento só era possível com auxílio de veículos blindados, logo o tempo de regresso e comunicação à autoridade de polícia judiciária comum, e seu deslocamento até o local do fato, duraria horas, necessitando de uma operação policial de média complexidade, para a realização dos atos investigativos.

A área imediata foi isolada, visando à atuação da perícia, na área mediata foi identificada a possível rota de fuga do autor, encontrando roupas ensanguentadas abandonadas que foram preservadas para coleta técnica de possíveis vestígios. Na área relacionada, o possível autor do crime foi identificado, mas havia fugido. A polícia ostensiva no caso concreto colheu uma série de elementos de informações, preparando o ambiente para a chegada das equipes técnicas periciais, resguardando indícios e futuras provas, evitando que se percam com o passar do tempo ou pela dinâmica do terreno, dando maior celeridade e eficiência a todo o processo.

Se por um lado a lei atribui a responsabilidade do local de crime ao delegado, com relação a sua preservação, e para os peritos para a coleta dos vestígios, por outro, responsabiliza inclusive criminalmente aqueles que violam o local de crime. A atuação dos policiais operacionais é fundamental na preservação, preparo da cena e coleta de elementos de informações perenes. É importante destacar que a possível responsabilização por fraude processual específica, prevista na nova Lei de Abuso de Autoridade, deverá ter sempre o chamado especial fim de agir, ou seja, o policial deve ter dolo específico de na prática atrapalhar as investigações.

O caso concreto deve ser sempre levado em consideração, por melhor que seja a elaboração do dispositivo legal, as variáveis operacionais dificultam a simples aplicação da lei ao fato. De regra, policiais operacionais devem isolar e manter a cena de crime intacta, os denominados corpos de delito deverão ter sua condição preservada para a avaliação da equipe de perícia, mas outros elementos de informações podem perfeitamente ser colhidos sem qualquer prejuízo à atuação dos peritos criminais.

Em outro exemplo prático, durante a troca de tiros entre policiais em patrulhamento motorizado e criminosos, o veículo dos marginais chocam-se na mureta de proteção da pista. Por se tratar de área de risco, os policiais aproximam-se com cautela do veículo e o primeiro procedimento de segurança é retirar as armas dos criminosos, alterando a cena do crime. No caso concreto, não há que se falar em fraude processual, visto que a segurança das equipes deve sempre estar em primeiro lugar, e eles não tiveram a intenção de inovar artificiosamente o cenário. No exemplo, fica claro a excludente de ilicitude por estado de necessidade, o risco de vida dos policiais e a administração da justiça, configurada por atos de investigação criminal.

É fato que tal atribuição precisa ser mais bem trabalhada nas instituições de polícias ostensivas, seja nos aspectos legais, operacionais e principalmente logísticos. Legalmente, a legislação deve dar maiores atribuições investigativas aos policiais de ponta, melhorando a integração entre policiais operacionais e administrativos da área investigativa. Operacionalmente as instituições devem criar protocolos e treinamentos específicos, efetivando análises de cenário e diferenciação de vestígios, que devam ou não ser recolhidos, para ao invés de colaborar não atrapalhar os atos futuros de investigação.

As logísticas das corporações estão distantes do ideal, instrumentos mínimos de cerco, contenção e isolamento nem sempre estão disponíveis. Cones, cavaletes, fitas de isolamento e até mesmo recipientes de proteção de cadáveres, básicos em qualquer instituição policial no mundo, aqui ainda são instrumentos raros. O problema é complexo, modificações legislativas simples e isoladas não são as soluções do problema tão complexo, modificar a lei é um importante passo, mas sua implementação de fato necessita de mudanças estruturais e culturais dentro das instituições policiais. Enquanto o policial operacional não entender sua importância dentro do sistema, continuaremos perdendo indícios, futuras provas e, dificilmente, sairemos dos baixos níveis de elucidação criminal em nosso país, para discutirmos a mudança do nosso sistema policial, temos antes que buscar por seu maior rendimento.

Art. 158-C. A coleta dos vestígios deverá ser realizada preferencialmente por perito oficial, que dará o encaminhamento necessário para a central de custódia, mesmo quando for necessária a realização de exames complementares.
§ 2º É proibida a entrada em locais isolados bem como a remoção de quaisquer vestígios de locais de crime antes da liberação por parte do perito responsável, sendo tipificada como fraude processual a sua realização.

É óbvio que a função de coleta de vestígios como o próprio dispositivo preleciona é preferencialmente dos peritos criminais, profissionais responsáveis e, tecnicamente, preparados para a ação, sendo responsáveis pelo encaminhamento ideal para cada tipo de vestígio ou elemento de informação. A atuação dos policiais operacionais acontecerá em casos excepcionais, quando houver risco de perda de elemento de informação ou conflito entre a preservação de futuras provas e o direito de maior hierarquia como a vida por exemplo.

Por exemplo: durante operação em área de alto risco, policiais entram em confronto com traficantes locais fortemente armados. Cessados os disparos, a equipe recolhe as armas e socorrem os criminosos que ainda apresentavam sinais de vida. Parte da equipe preserva o local, passadas 8 horas sem a chegada das equipes técnicas e anoitecendo, as equipes voltam a ser atacadas, não restando outra opção senão colocar os corpos dentro do veículo blindado desfazendo o local de crime.

Teoricamente, muitos sustentariam a conduta típica de fraude processual específica, prevista nos artigos 23 e 24 da nova Lei de Abuso de Autoridade. O somatório de "bandidolatria" e "poliofobia", disseminado por grandes meios de comunicação, chega em diversos operadores do direito, criando uma espécie de presunção de culpabilidade por parte dos policiais, já comentada nesta obra.

Não podemos defender incondicionalmente a classe policial, maus profissionais existem em qualquer área, sobretudo na polícia. Fraudes processuais acontecem, maus policiais violam cenas de crimes para encobertar seus atos criminosos, mas estes atos ilícitos devem ser comprovados e jamais poderão ser tratados como regra. No caso prático citado, não havia uma alternativa senão sair da área conflagrada, colocar a vida dos policiais e da população ali residente em risco, seria totalmente descabido em relação à realização de um ato pré-processual.

      É importante que toda a ação seja bem fundamentada, no caso concreto, filmagens de toda a ação, realizadas pelas próprias equipes operacionais deixaram clara toda a dinâmica do fato. Os possíveis argumentos contrários à ação da polícia, oriundos sempre de um mesmo grupo, tais como execuções, violações de domicílio e fraudes processuais foram imediatamente afastados por elementos de informação, produzidos pelos próprios policiais, mesmo que de forma particular possuem validade jurídica. Que fique claro ao leitor, a defesa das equipes operacionais começa já no teatro de operações, sendo realizada pelo próprio operador.

CAPÍTULO 5

PROVA TESTEMUNHAL

Art. 167. Não sendo possível o exame de corpo de delito, por haverem desaparecido os vestígios, a prova testemunhal poderá suprir-lhe a falta.

Normalmente os delitos criminais deixam vestígios, sendo possível a realização de exame de corpo de delito. A doutrina divide o exame de corpo de delito em direto, realizado no próprio corpo envolvido na prática criminal e indireto, aquele que não é diretamente realizado no corpo ou objeto do crime, podendo chegar a conclusões probatórias por outros meios, como depoimentos, documentos ou filmagens por exemplo.

Não é porque não temos vestígios que não será possível comprovar a ocorrência de determinado crime. Na calada da noite, policiais abordam menores infratores que cometiam furtos e roubos no centro da cidade, apreendem tais criminosos. Ilegalmente colocam os possíveis autores no interior da viatura e, ao invés de levarem para a delegacia policial, deslocam-se para uma região deserta da cidade.

Os menores são assassinados e seus corpos são ocultados, sem nunca terem sido encontrados. Sem corpo não há homicídio, essa seria uma das mais absurdas afirmações, representando a materialização da impunidade. Mesmo não existindo um corpo de delito principal, no caso em tela o corpo dos menores, a realização de exames indiretos tais como testemunho de transeuntes, deslocamento georreferenciado da viatura policial e filmagem do deslocamento da equipe por câmeras públicas ou privadas podem suprir perfeitamente a necessidade de prova de exame direto.

É sempre importante destacar que a prova testemunhal apresenta certa vulnerabilidade, devendo ser corroborada com outros meios probatórios. Existem muitos grupos, denominados de oportunistas do caos, criminosos ou não, que lucram com ataques diretos ou indiretos às forças policiais. Se o próprio STJ, em decisão recente, afirmou que o depoimento dos policiais não pode ser o único instrumento probatório para a condenação, o argumento contrário também deverá ser levado em consideração (4).

Art. 202. Toda pessoa poderá ser testemunha.
As testemunhas são importantes meios de provas, apesar das críticas de parte da doutrina, em muitos aspectos coerentes, porque não é raro o ser humano faltar com a verdade, as denominadas provas testemunhais são fundamentais, por vezes as únicas provas disponíveis e produzidas dentro do processo penal. A análise dos depoimentos testemunhais pelo ordenamento jurídico resume-se ao aspecto processual, sendo as questões medidas inquisitoriais aplicadas por analogia. É fundamental levar sempre em consideração, que todos os depoimentos colhidos em fase de inquérito, deverão ser colhidos novamente no processo, sob o crivo da plenitude do contraditório e da ampla defesa.

O direito processual penal não exige capacidade jurídica para a atuação como testemunha, podendo ser ouvido menores de idade, debilitados mentalmente, não sendo exigido para estes o compromisso de dizer a verdade, mesma condição prevista para os denominados informantes. A condição de informante processualmente falando é o indivíduo que vem ao processo sem a obrigação de falar a verdade, não podendo ser responsabilizado criminalmente por mentiras relatadas.

Teoricamente, as testemunhas são divididas em testemunha direta ou de fato, ou seja, aquele indivíduo que presenciou o fato delituoso, e as denominadas testemunhas indiretas ou de ouviu dizer, que apenas escutou comentários relacionados à ação criminosa, sendo, por motivos óbvios, as testemunhas de fato de maior valor probatório. Fato comum dentro dos processos criminais e até mesmo administrativos são as denominadas testemunhas de caráter, utilizadas mais como instrumento de defesa, para afiançar a boa conduta do réu fora da questão em análise no processo.

Ao contrário de outros ordenamentos jurídicos no mundo, que impedem a figura da testemunha indireta, ou testemunha de ouvir dizer, o ordenamento processual penal brasileiro não veda tal conduta, o que pode trazer diferentes intercorrências para dentro do processo. Apesar da tipificação e consequente responsabilização de falso testemunho, pessoas mentem em juízo, em um ambiente de baixa credibilidade das instituições de segurança pública e ataque à imagem das forças policiais, o ouvir dizer pode influenciar uma decisão judicial e condenar um policial mesmo agindo dentro da legalidade.

A nefasta conduta tipificada no artigo 288 A do Código Penal, a milícia, teve no início de sua implementação a presença quase que obrigatória de agentes de segurança, utilizando sua posição de agente público e o falso pretexto de segurança comunitária para obter recursos financeiros ilícitos. O argumento de que toda milícia tinha envolvimento direto ou indireto de policiais se fortaleceu, causando uma falsa percepção de que todo policial era miliciano, envolvendo-se ou omitindo-se com relação à atuação desses grupos criminosos.

Determinado policial começou a observar que sua área de moradia começava a ser ocupada por grupos criminosos que ofereciam segurança privada ilegal, afastando momentaneamente os traficantes que iniciavam a atividade de venda de drogas na comunidade. Sabendo se tratar de um policial, ao contrário de seus vizinhos, nada era cobrado dele, existindo uma perigosa relação de medo e respeito entre o agente público e os milicianos. Cobrar a atuação do referido agente público, que por sua condição de policial teria a pretensa obrigação de agir seria no mínimo injusto, lembrando que a obrigação de agir, deve estar sempre ligada à possibilidade de atuação operacional o que no caso concreto seria inviável.

A aviltada possibilidade de comunicação aos órgãos públicos responsáveis colocaria em risco grave seus familiares e patrimônio, visto que o único auxílio institucional disponível seria sua mudança emergencial, abandonando uma vida inteira para trás. A relação era distante, a convivência era uma espécie de paz armada, que poderia ser rompida a qualquer momento. Toda vez que saía para um plantão a apreensão era certa, "minha família estará protegida naquele ambiente?", era uma pergunta repetida várias vezes. Sair dali naquele momento era inviável, os baixos salários não permitiam abandonar todo o patrimônio e ir morar em um lugar sem influência da criminalidade, no Rio de Janeiro poucos lugares não têm reflexos do tráfico ou da milícia, grupos criminosos cada vez mais próximos em seus modos de atuação.

Inicia-se uma investigação na localidade e uma testemunha anônima, figura permitida em nosso ordenamento jurídico, diz que ouviu dizer que o determinado policial fazia parte da milícia. A espécie de testemunha anônima é um avanço em nosso ordenamento jurídico, quem teria coragem de testemunhar contra verdadeiras máfias, sem qualquer garantia de segurança por parte do estado. O direito repete a vida, e nem tudo é totalmente bom ou totalmente ruim, a testemunha era um desafeto do policial e, por questões pessoais, tentava prejudicá-lo gratuitamente. Seu depoimento mesmo não sendo corroborado com outras provas, tais como extratos bancários, antecedentes criminais ou conexões com criminosos, foi fundamental para reforçar o argumento de que todo policial é um miliciano. Um simples boato ou uma intencional inverdade trouxe uma série de transtornos para o policial, que era mais uma vítima da ação criminosa.

Investigação militar, submissão a processo disciplinar, transferência de unidade potencializados por uma reportagem jornalística tendenciosa, irresponsável e sensacionalista, somaram-se aos problemas preexistentes. Mentir em depoimento é crime, mas este fato deve ser comprovado. Reforçamos que a prova testemunhal é um importante método de prova, às vezes o único disponível, mas sua utilização deverá ser sempre corroborada com outros meios probatórios, o simples fato de ouvir dizer somado a preconceitos baseados no sendo comum podem causar injustiças e prejuízos irreparáveis a qualquer pessoa.

Art. 204. O depoimento será prestado oralmente, não sendo permitido à testemunha trazê-lo por escrito.
Parágrafo único. Não será vedada à testemunha, entretanto, breve consulta a apontamentos.

O artigo 204 traz a modalidade de prestação de depoimento, de regra na modalidade escrita, com a exceção de algumas autoridades, como exemplo o presidente da república. É muito comum que policiais atuem constantemente na figura de testemunha, por vezes sendo o único a se deparar diretamente com o ato delituoso, ou mesmo pela dificuldade prática de encontrar testemunhas principalmente em crimes envolvendo criminosos de alta periculosidade. Como o ato de testemunhar é obrigatório, quem está disposto a depor contra criminosos de alta periculosidade, como homicidas, traficantes, milicianos ou policiais que cometem crimes e não honram seu juramento?

Por mais que coloquialmente o policial seja caracterizado como condutor da ocorrência, processualmente a posição dos operadores primários do direito é de testemunha, seja em sede de polícia judiciária ou dentro do processo. A doutrina discute se o policial tem a isenção necessária para atuar como testemunha, visto que ele por diversos fatores poderá ter interesse direto na condenação do criminoso, atacando assim princípios fundamentais do direito, tais como a paridade de armas, a ampla defesa e o contraditório.

De fato, nossas polícias estão cada vez mais preocupadas com o resultado, normalmente mensurado equivocadamente em prisões e apreensões, do que no cumprimento da lei e a consequente aplicação da justiça. Entretanto, a suscitável parcialidade do policial não pode desconfigurar seu depoimento como conteúdo probatório, absurdas alegações de falso testemunho, denunciação caluniosa e mais precisamente abusos de autoridade não podem ser tratados como regra, e sua possível arguição deve ser comprovada pela defesa. Apesar do enfraquecimento do instituto da fé pública, a palavra do policial deve ser levada em consideração, sempre que irmanada com outras provas, se houver.

Decisões recentes dos tribunais superiores comprovam o argumento supracitado de enfraquecimento da palavra do agente público, afirmando, de maneira equivocada segundo nosso entendimento, que o testemunho exclusivo do policial não pode sustentar condenação. Com as devidas ressalvas, nossos ilustres ministros estão tirando a exceção como regra, criminosos de alta periculosidade serão soltos, impactando diretamente na segurança pública. Essa é uma tendência jurisprudencial, sem perspectiva de mudança a curto prazo, cabe ao policial ampliar mesmo que por conta própria os elementos de informação, com filmagens e outras testemunhas que julgar cabível, comprovando, muitas vezes, o óbvio.

O ato de testemunhar é serviço, segundo o próprio artigo 463 do Código de Processo Civil, sendo este um desdobramento da ocorrência. As instituições ainda carecem de estrutura e benefícios aos policiais nesse importante ato jurídico ou administrativo. Normalmente realizado na folga, sem o pagamento de horas extras ou compensação por banco de horas, de maneira solitária sem qualquer assessoria técnica, o policial operacional se sente sozinho, aumentando, ainda mais, a necessidade pela busca do conhecimento técnico. As atuais condições e tratamentos dados ao policial, muitas vezes, testemunha cabal em qualquer processo, não compromete somente o indivíduo, mas o sistema persecutório como um todo.

Os policiais operacionais não são preparados para atividades processuais e procedimentais. Operam nos piores ambientes operacionalmente falando, trocam tiro em inferioridade numérica e bélica, mas ao sentar-se na frente de um delegado, advogado, promotor ou juiz, não apresentam a mesma segurança e desenvoltura. A falta de conhecimento jurídico e as diversas pressões externas explicam parte da insegurança. É preciso não só ensinar todos os aspectos técnicos operacionais da atividade policial, mas também fundamentos jurídicos básicos e oratória para a devida atuação dentro do processo, não só para a melhoria da prova, mas também para a própria proteção dos agentes de segurança pública, sendo estes os únicos profissionais que atuam em diferentes momentos do sistema persecutório criminal.

A atividade policial operacional é incrível principalmente para aqueles que fogem da monotonia, pode ter certeza, na polícia nenhum serviço é igual ao outro. Do lixo ao luxo, da operação ao depoimento judicial, se tem uma característica fundamental para qualquer policial é a versatilidade. Após madrugada em claro, com confrontos armados a todo instante, o término do serviço foi virando chiqueiro de porcos em busca de armas e drogas, aplicando todas as técnicas policiais somadas ao instinto de sobrevivência comum dos seres humanos. Poucas horas depois já estava cruzando os limpos e cheirosos corredores do tribunal de justiça para depor em processo na condição de testemunha. Só a atividade policial operacional proporciona tal privilégio, aplicar e exercer o direito em ambientes e situações completamente diversos.

Atuando em mais de uma posição do sistema jurídico policial, operador, investigador e juiz, fator que só a profissão de oficial militar permite, tivemos a possibilidade de perceber a dificuldade de testemunhar principalmente em juízo, por parte da grande maioria dos policiais, até mesmo experientes. O primeiro fator que explica a problemática é o errôneo conhecimento empírico, presente nas instituições policiais, de que devemos falar menos possível para não nos "enrolar". Ainda recruta na polícia, escutei de um mais antigo: "aspira, quando for depor fale o menos possível, falando menos a possibilidade de errar e se enrolar é menor".

O depoimento que prestamos ainda em sede de polícia judiciária, que acorre no calor dos acontecimentos. Esse testemunho deve ser o mais detalhado possível, porque, por mais que ele seja refeito em sede processual, servirá como base para o depoimento sob o contraditório e a ampla defesa. Se quando tenho os detalhes da ocorrência, não os autuo, anos depois não lembrarei com precisão dos fatos. A tendência é que caia em contradição, ou exista omissões, podendo esses fatores serem explorados pela defesa, ou pior, soar como algum tipo de ilegalidade.

Geralmente o policial chega à sede de polícia judiciária cansado, após horas de patrulhamento ou operações para apresentar uma ocorrência, nem sempre conta com a boa vontade do companheiro da coirmã, acaba fazendo um depoimento padrão, que será questionado anos depois em juízo. Perca o tempo que for necessário, narre os fatos detalhadamente, pois é com a ocorrência na memória que conseguiremos prestar um depoimento seguro. Não vale a pena trocar minutos a mais em uma delegacia de polícia, pela liberdade de um criminoso ou até mesmo uma possível responsabilização criminal, trocando de lugar, de condutor para conduzido, por falta de capricho ou conhecimento.

Só quando da atuação como juiz militar, fomos perceber que havíamos aprendido errado. Não devemos falar menos para não errar, devemos detalhar a ocorrência para não sermos questionados nem surpreendidos anos depois em sede judicial. Observamos na prática que o policial negligente, que havia feito um depoimento padrão, era exaustivamente sabatinado, pela defesa e pelo ministério público. "Como estava o preso", "onde estava a arma", "a que distância ele estava da equipe", "com quem ele estava", eram perguntas comuns, que se respondidas no depoimento constante no inquérito, ou no auto de prisão em flagrante, não seriam feitas novamente e caso fosse bastaria uma breve consulta, como autoriza o parágrafo único do artigo estudado.

Na relação processual, o policial ainda é a parte mais exposta, qualquer contradição pode soar com falta de verdade, comprometendo todo o ato. Que fique claro que é perfeitamente possível que haja um esquecimento, sendo perfeitamente possível a alegação por parte da testemunha informar que não se recorde dos fatos. Nosso sistema jurídico é moroso, somado à enorme demanda das forças policiais, pequenas contradições e esquecimentos devem ser aceitos com naturalidade. Na dúvida, faça breves consultas em materiais previamente arquivados, tais como registro de ocorrências, registro policial e documentos administrativos como relatórios da própria unidade. Afirme categoricamente que não se recorda do fato, esquecer é mais do que normal, mas jamais falte com a verdade, porque a mentira gerará uma falta de credibilidade que colocará em risco a testemunha policial.

Art. 206. A testemunha não poderá eximir-se da obrigação de depor. Poderão, entretanto, recusar-se a fazê-lo o ascendente ou descendente, o afim em linha reta, o cônjuge, ainda que desquitado, o irmão e o pai, a mãe, ou o filho adotivo do acusado, salvo quando não for possível, por outro modo, obter-se ou integrar-se a prova do fato e de suas circunstâncias.

Testemunhar não é faculdade, é dever e obrigação, sendo fundamental para a elucidação de fatos delituosos de interesse direto não só da vítima, mas do estado e a sociedade como um todo. Para se ter ideia da importância jurídica da testemunha, o crime de falso testemunha, previsto no artigo 342 do Código Penal também se configura na omissão, manter-se calado sobre fato que tem conhecimento, atrapalhando a investigação ou processo criminal é crime.

Com as exceções previstas no artigo relacionada a familiares, todos são obrigados a depor na condição de testemunha. Testemunhar é uma das atividades mais corriqueiras na atividade policial, como já mencionando anteriormente, os policiais são testemunhas diretas de crimes, por vezes as únicas, depondo constantemente em sede de polícia judiciária e na fase processual, sendo obrigatório tal ato. A diferenciação prevista no artigo 221, § 2º, é a de que os militares deverão ser requisitados aos respectivos comandantes, preservando o princípio básico das instituições militares, a hierarquia e a disciplina, visto que é interesse das instituições policiais o controle de conduta de seus integrantes.

Como regra, o Código de Processo Penal detalha mais as questões processuais, deixando os atos administrativos pretéritos, solucionáveis com base na analogia. A lei é clara que, por conta da recusa ou não comparecimento da testemunha, poderá o juiz solicitar a condução coercitiva dela, solicitando inclusive apoio policial. Reafirmando um conceito basilar do direito operacional de que as decisões jurídicas na ponta são mais complexas do que as de dentro do processo, pois geralmente envolve risco, a condução coercitiva de testemunhas é um bom exemplo.

Policiais flagram indivíduo cometendo um roubo qualificado pelo emprego de arma. Após a prisão em flagrante, visando melhor fundamentação do crime, arrolam testemunhas do fato, solicitando acompanhamento até a delegacia policial. O que um cidadão ganha ao ser testemunhas de um crime grave, tal situação não poderia colocar qualquer pessoa em risco, esse fator sempre deve ser levado em consideração pelos policiais, não só na condução, mas em todos os procedimentos burocráticos. Visando resguardar a integridade de testemunhas que de regra não possuem preparo específico, interesse ou compromisso em fazer parte de uma investigação e futuro processo criminal, necessitando grande conhecimento jurídico e habilidade de trato.

Não existe a possibilidade de negativa, qualquer dificuldade no cumprimento da solicitação do policial operacional, poderá ser configurado o crime de desobediência, previsto no artigo 330 do CP, dependendo do caso concreto. Mais uma ação de cunho técnico jurídico para os agentes policiais operacionais, a seleção de testemunhas. Se o policial mesmo sabendo que havia testemunhas de fato, não as arrolando nem conduzindo para a delegacia, deixa de fazer ato de ofício, podendo ser enquadrada sua conduta no tipo penal *prevaricação*, artigo 319, do CP. Por outro lado, se por mero capricho ou satisfação pessoal conduz testemunha para a delegacia, restringindo sua liberdade e direito de ir e vir, poderá ser enquadrado na figura genérica do artigo 33 da nova Lei de Abuso de Autoridade.

Polícia é sinônimo de bom senso e por mais que a lei dê os instrumentos à condução coercitiva de uma testemunha, nem sempre será uma medida efetiva. Como exigir a colaboração de um cidadão, com medo, inseguro, restringindo sua liberdade mesmo que temporariamente. A ideia é convidar inicialmente, explicando a importância da participação no ato e as consequências práticas e jurídicas, colocando-se à disposição para prover a segurança e a devida intimidade. A condução coercitiva deve ser a última opção, o diálogo e a negociação são a melhor alternativa, o bom desempenho do sistema persecutório penal começa com o policial de ponta.

Estamos na era da informação e muitos policiais ainda não perceberam esse fato. Ocorrências policiais geram mídia e atualmente visibilidade pode ser facilmente transformada em dinheiro, todos podem ser repórter e produzir um furo de reportagem. Quem operando ou até mesmo na vida particular, não observou que a qualquer tumulto ou confusão, surgem inúmeros celulares, dispostos a flagrarem uma tragédia. Nada mais midiático do que operações policiais, basta observar a pauta de qualquer jornal de grande circulação.

Reforçamos uma das regras básicas da atividade policial operacional, atue sempre como se estivesse sob a arma de um inimigo ou focado pela lente de um curioso. Durante a abordagem a um grupo de jovens que causavam desordem urbana e pequenos furtos na região central da cidade, um cidadão pega seu celular e começa a filmar toda a ação policial. A simples abordagem evoluiu e os adolescentes começam a atacar os policiais, cometendo os crimes de lesão corporal, dano ao patrimônio público e resistência.

Sabendo das dificuldades na utilização do testemunho dos policiais como única prova, as equipes solicitam a filmagem realizada pelo cidadão que acompanhava todo o evento. Não há nenhum problema ou ilegalidade em filmar ações policiais, é até positivo, para comprovação probatória de licitude, visto que os atos públicos são regidos pelo princípio da publicidade. Entretanto, no caso concreto, a ideia não era filmar a verdade dos fatos, mas, sim, flagrar qualquer abuso cometido pelos policiais, sendo por esse motivo, negada pelo particular o acesso à filmagem.

É vedada o acesso a dispositivos eletrônicos, como celulares, forçando seu usuário a fornecer a senha (5), tais dispositivo são revestidos de intimidade, só podendo ser quebrada com ordem judicial. Como afirmado anteriormente, a condução coercitiva de testemunhas deve ser evitada, mas como o cidadão era peça fundamental na elucidação dos fatos, não restou uma alternativa senão a condução do curioso até a delegacia policial para prestar esclarecimentos e fornecer o vídeo produzido. Toda cautela se faz necessária, o ato de conduzir coercitivamente testemunha para delegacia deve acontecer se não houver outros meios de informações robustas e não podem acorrer por alguns dos especiais fins de agir da Lei de Abuso de Autoridade ou para fins intimidatórios, podendo configurar o crime de constrangimento ilegal.

CAPÍTULO 6

DA BUSCA (PESSOAL, DOMICILIAR E VEICULAR) E APREENSÃO

Art. 240. A busca será domiciliar ou pessoal.
§ 1º Proceder-se-á à busca domiciliar, quando fundadas razões a autorizarem, para:
a) prender criminosos;
b) apreender coisas achadas ou obtidas por meios criminosos;
c) apreender instrumentos de falsificação ou de contrafação e objetos falsificados ou contrafeitos;
d) apreender armas e munições, instrumentos utilizados na prática de crime ou destinados a fim delituoso;
e) descobrir objetos necessários à prova de infração ou à defesa do réu;
f) apreender cartas, abertas ou não, destinadas ao acusado ou em seu poder, quando haja suspeita de que o conhecimento do seu conteúdo possa ser útil à elucidação do fato;
g) apreender pessoas vítimas de crimes;
h) colher qualquer elemento de convicção.
§ 2º Proceder-se-á à busca pessoal quando houver fundada suspeita de que alguém oculte consigo arma proibida ou objetos mencionados nas letras "b" a "f" e letra "h" do parágrafo anterior.

Grande parte da atividade rotineira de qualquer policial operacional está regulada no Capítulo XI do Código de Processo Penal, intitulado como da busca e apreensão. Os artigos analisados a seguir representam a essência do direito operacional, que apesar de estarem previstos no Código de Processo Penal, dão-se, em regra, em âmbito pré-processual, com a apreciação técnica e jurídica direta do homem de ponta, baseada na discricionariedade, importante atributo do poder de polícia.

Por diversos motivos, observa-se um movimento de restrição do poder de polícia, caracterizado pelo poder estatal de restringir direitos individuais em detrimento do interesse público e coletivo. O policial operacional como principal representante estatal, pelo alto número de interações sociais, vê-se em diversos momentos sem meios de exercer suas atribuições. Os operadores primários do direito são muitas vezes restringidos ou direcionado por integrantes dos poderes judiciário ou legislativo, que nem sempre conhecem os detalhes da atividade policial operacional, criando um descompasso entre teoria e prática.

O parágrafo segundo do artigo 240 positiva o fundamento legal para a realização da denominada busca pessoal: a fundada suspeita. Por vezes, o direito é complexo, utilizando-se de termos rebuscados de difícil compreensão para o grande público e até mesmo por muitos policiais operacionais. Além dos preceitos legais, todo policial operacional deve dominar diferentes ramos do conhecimento humano e profissional, não só os conceitos, mas suas interpretações. Dentre todos os conceitos jurídicos positivados no Código de Processo Penal, sem dúvidas, a fundada suspeita está entre os mais controversos.

Defendemos veementemente que somente os policiais estão aptos a definir o conceito de fundada suspeita com precisão. Ao estudar o tema em diversas referências do direito processual, nenhuma delas conseguiu explicar de maneira clara, curta e concisa o fundamento legal permissivo da abordagem de pessoas. Muitos exemplos citados nos livros de doutrina e usados pela jurisprudência distanciam-se da realidade operacional, servindo apenas para questões de concursos público. É no cotidiano operacional, com base no por vezes criticado conhecimento empírico, que é possível observar e definir claramente a denominada atitude suspeita, conceito muito mais prático do que teórico.

Fundada suspeita é o que salta aos olhos, fugindo da normalidade em relação ao padrão de comportamento das pessoas quando da presença da atividade policial, fazendo presumir uma conduta ilícita. O próprio termo não obriga a certeza do cometimento de qualquer ilícito, por isso, a utilização da palavra suspeita, não exigindo a certeza por parte dos policiais operacionais. Basta fundamentar os motivos da abordagem, que de regra não terminará em ocorrências criminais, visto que, ao contrário do que pensam muitos juristas, não apresentam somente objetivos repressivos.

Em um país desigual como o Brasil, com problemas das mais diversas ordens, caracterizado por uma grande desigualdade social com reflexos diretos na segurança pública, cabe ao policial não confundir a conduta legal de atitude suspeita com a conduta ilegal e preconceituosa de indivíduo suspeito. Questão que aprendemos mais nas ruas do que nos livros, é que criminoso não tem cara, raça ou vestimenta padrão, por vezes, o perigo se aproxima de onde menos se espera.

Resumidamente, fundada suspeita são atitudes suspeitas, quando determinado indivíduo, com a aproximação da força policial se comporta de maneira inesperada. Tal comportamento pode ser resultado de diversos fatores, nem todos relacionados a uma conduta criminosa, sendo um possível flagrante determinante para a atividade de busca policial. O termo é revertido de subjetividade, na prática, indivíduos sem qualquer restrição criminal podem ficar inquietos com a presença da polícia e criminosos contumazes podem reagir com naturalidade, sem despertar qualquer suspeita, atividade policial não é matemática, não existe equações perfeitas. A atividade policial é caracterizada pela imprevisibilidade, na dúvida aborde, sempre fundamentando o procedimento, o problema não é abordar, mas, sim, como a ação é realizada.

É uma triste realidade, mas as forças policiais brasileiras por diversos motivos, alguns causados pela própria polícia, ainda não são exemplos de credibilidade. Por esse motivo, observamos facilmente cidadãos desconfortáveis com a simples presença policial, sem esse fato significar qualquer ato ilícito flagrante ou restrição judicial criminal. É importante que o policial entenda que qualquer abordagem policial é um procedimento constrangedor, causando, mesmo que minimamente, breve exposição do abordado. Ocorre, mesmo que momentânea, restrição dos direitos de ir e vir e da intimidade, cabendo ao policial, profissional da relação, tornar esse ato pré-processual o menos constrangedor e produtivo possível.

Com raríssimas exceções, ninguém quer ser abordado, não só o criminoso, sob o risco de submissão da reprimenda estatal, mas também o cidadão cumpridor dos seus deveres, que circula pela cidade em seus afazeres. O procedimento causará minimamente um transtorno, termo este utilizado por nossos tribunais superiores em diversos julgamentos de ações que abordam o tema sobre a busca pessoal. Durante treinamento realizado na Rondas Ostensivas Tobias Aguiar (ROTA) unidade de elite da Polícia Militar do Estado de São Paulo (PMESP), aprendemos uma lema que resume a questão prática da abordagem, "Aqui na ROTA, saímos para prender um bandido ou fazer um amigo", é desse profissionalismo, portanto, que precisamos em nossas forças policiais.

O referido lema cumprido à risca pela mencionada unidade de Polícia Militar, referência no país, mesmo com as tentativas de macular sua imagem por parte de mídia imparcial e oportunista. O lema retrata bem a importância do uso seletivo de força nos procedimentos de busca pessoal. O tratamento dado a cada abordado deve ser de acordo com suas atitudes e posturas perante a força policial, e não por preconceitos que não são ensinados nos bancos escolares policiais.

A versatilidade é condição e característica fundamental para qualquer policial operacional, abordaremos criminosos de alta periculosidade, portando armas de guerra e granadas, dispostos a matar qualquer um, em contrapartida, de regra, interagimos com famílias em simples deslocamento pela cidade, sendo sem dúvidas esta a grande maioria dos abordados, mesmo em áreas de grande incidência criminal.

Durante a formação de policiais, deve ser reforçado que os policiais precisam estar preparados para as duas situações, abordagens a criminosos e a cidadãos, clientes do serviço assistencial de polícia. Falhas ocorrem na formação policial, muitas vezes, o foco é apenas na reação violenta, preparando o policial mais para a exceção, a atuação em combate, esquecendo-se da regra, prestação de informações e serviços à sociedade.

Aprende-se defesa pessoal, atirar, abrigar-se, esquecendo muitas vezes de simples cumprimentos, ser educado e solícito com o cidadão usuário direto do serviço. Um corriqueiro bom dia, boa tarde e boa noite, o tratamento adequado como senhor ou senhora, servem como um instrumento de quebra de resistências e desconfianças do cidadão descontente com a abordagem. O primeiro nível de força, a verbalização sem dúvidas é o mais usado pelos policiais e seu perfeito domínio evita muitas intercorrências.

Não basta reclamar da relação de confiança e aceitação da sociedade em relação à polícia, é preciso reavaliar procedimentos, mitigando erros, prestando um serviço de melhor qualidade, somente assim iremos melhorar a imagem da polícia. Conduta profissional a todo instante, podemos ser sérios, rigorosos e atentos, até a verificação de que o abordado não representa uma ameaça, a prioridade sempre será a segurança, entretanto nada impede a mudança de postura quando verificada a inexistência de qualquer risco com relação aos abordados. A mudança da atual relação conturbada entre polícia e sociedade passa por um dos princípios das denominadas operações psicológicas, conquistar corações e mentes.

Diversos fatores influenciam na abordagem de pessoal, tais como a localidade, horário, número de policiais e abordados, equipamentos e armamento disponíveis e principalmente a postura do abordado, variando o procedimento de acordo com o caso concreto. Regras e técnicas básicas da atividade policial operacional estão diretamente relacionadas a esses fatores. Escolher o local da abordagem, não abordar em inferioridade numérica e a utilização correta de uso progressivo e seletivo da força são parâmetros fundamentais com reflexos diretos em consequentes avaliações judiciais.

Quem nunca ouviu o dito popular "a abordagem policial muda de acordo com o valor do IPTU do bairro atuante". No Rio de Janeiro sempre há o questionamento de que a abordagem na zona sul, área nobre da cidade, é completamente diferente das realizadas nas zonas norte, oeste e baixada fluminense. É claro que o preceito constitucional mais básico de todos a igualdade deve ser respeitado, principalmente pela força policial. Todos são iguais perante a lei, não se pode fazer discriminações de qualquer natureza, mas o problema não são as pessoas, mas, sim, o ambiente e seu histórico e dados relacionados à violência, principalmente contra a força policial.

O fator risco, muitas vezes relacionados ao nível de influência criminal da localidade, é condição determinante no padrão da abordagem policial. Ainda usando o Rio de Janeiro como exemplo, a possibilidade de uma força policial ser atacada gratuitamente na zona sul, Copacabana por exemplo, é muito menor do que no conhecido Complexo do Alemão localizado na zona norte. Esse fator, confirmado por dados estatísticos, disponível em qualquer unidade policial, por si só mudará automaticamente os padrões de abordagem. Não se trata de discriminação, ou criminalização da pobreza, mas, sim, de avaliação do nível de risco às equipes policiais, relacionadas diretamente à probabilidade de confronto armado.

A utilização de força é uma opção para os policiais, amparada pela técnica e pela legalidade, sendo fundamental a aplicabilidade do princípio da proporcionalidade. A ação ou reação devem ser de acordo com a ameaça sofrida, o denominado uso progressivo da força deve sempre estar correlacionado com a atitude do abordado. Não cumprimentamos com um bom dia quem nos ataca com disparos de fuzil e arremessos de granadas, em compensação, jamais devemos agredir um indivíduo pacífico, ou mesmo resistente desarmado, mesmo que este esteja em um ambiente de alto risco.

Tecnicamente as abordagens de pessoas apresentam três funções básicas: homem revista, segurança da revista e segurança de área. Por óbvio, o efetivo mínimo policial é de três homens para uma abordagem policial segura, o que na prática não acontece, visto que a grande maioria dos tipos de policiamento são composto por dois homens. Normalmente as funções de segurança de área e revista são concentradas em um único policial, aumentando a vulnerabilidade e o risco do procedimento, obrigando os profissionais a tomarem medidas práticas de aumento de segurança.

O procedimento operacional, por mais que existam protocolos de condutas padronizadas, regulados muitas vezes pelos conhecidos POPs (Procedimentos operacionais padrão), nunca será pleno, cada ocorrência apresentará suas particularidades. Os fatores de segurança e risco variam em cada ocorrência, necessitando ao policial uma adaptabilidade imediata ao caso concreto. Um setor de rádio patrulha, formado por dois homens observa indivíduo em atitude suspeita, definida pela conduta de deslocar-se por via de pouco movimento e alta incidência criminal, volume aparente na região da cintura e ao avistar a equipe policial olha de forma assustada, começando a caminhar rapidamente em direção a becos de uma localidade próxima.

Fica clara e evidente a justificativa legal permissiva da fundada suspeita, nada melhor para a proteção das equipes policiais do que a fundamentação da busca pessoal ser definida por um conjunto de fatores. O indivíduo exemplificado estava perdido na região, o volume na cintura tratava-se do seu celular, que estava ali escondido, por medo de furto e a aparente tentativa de fuga era por receio da polícia. Não há de se cogitar qualquer ilicitude no procedimento policial, no caso concreto, a fundada suspeita na maioria dos casos configura-se em uma falsa percepção da realidade, o que não pode ser argumento de restrição da atividade policial. A citada abordagem policial, inicialmente com objetivos criminais, tornou-se assistencialista, prestando informações e auxiliando o cidadão abordado, com informações de localização e segurança, representando esta a função mais corriqueira de qualquer polícia ostensiva.

Observa-se que nem tudo que parece ilícito é assim configurado, o que não afasta ou inviabiliza legalmente a abordagem policial. As buscas pessoais devem acontecer para a segurança de todos, tais procedimentos apresentam importante função preventiva, pouco conhecida pelos agentes não policiais, inibindo a atuação criminal. Uma polícia ativa não deixa os criminosos à vontade. Números de roubo de rua aumentam consideravelmente em determinada área da cidade, após análise criminológica dos fatos, diversos fatores foram observados, dentre eles, a diminuição do número de abordagens policiais, inclusive as abordagens de trânsito, que por via administrativa havia sido retirada da polícia militar.

Restrição da atividade policial nunca deu nem dará certo, se a polícia tem problemas, devemos investir, treinar, cobrar e não simplesmente retirar prerrogativas, tais medidas trazem consequências negativas para a segurança pública. Ordenar um número mínimo de abordagens para cada equipe policial não está dentro dos parâmetros de legalidade. A decisão técnica e legal de abordar ou não jamais poderá ser do comando, quem está na linha de frente se deparando com atitudes suspeitas é quem deve decidir se realiza ou não o procedimento, sempre amparado no conceito da fundada suspeita.

Instruções jurídicas e redefinição de setores de policiamento aumentaram imediatamente o número de abordagens, ampliando rapidamente o número de prisões e apreensões, melhorando automaticamente os números criminais. A explicação é simples, os criminosos perderam a liberdade de transitar pela área de policiamento, tinham o receio de ser abordado a qualquer momento, e apesar de não estarem diretamente no ato criminoso objetivado, encontravam-se em flagrante, pelo porte ilegal de arma ou na receptação de bens provenientes de furto ou roubo.

Nunca é demais reforçar que a fundada suspeita é o fundamento legal permissivo da abordagem de pessoas, sem esse requisito básico se vislumbra ilegalidade. Agora questão que merece destaque é que segundo dados do CNJ, o Brasil possuiu mais de 350 mil foragidos da justiça. Se estes foragidos não agirem em atitude suspeita ou não se apresentarem em qualquer órgão público da justiça ou policial, como serão reconhecidos e consequentemente capturados para o cumprimento das devidas pendências judiciais, as abordagens vão muita além de questões repressivas processuais penais, são, sim, um instrumento de prevenção criminal, aumento da sensação de segurança e estabilização social.

Segundo entendimento jurídico consolidado, a determinação de número mínimo de abordagens fere o princípio da legalidade, dando oportunidades para arbitrariedade e até mesmo descriminação por parte de agentes policiais despreparados. O procedimento de abordagem é fundamentado na atitude suspeita de determinado indivíduo, podendo acontecer ou não no decorrer do serviço, sendo tal ato completamente diferente de uma fiscalização administrativa de trânsito, que permite a abordagens indiscriminadas para verificação de questões administrativas. Com a devida vênia, entendemos que o estabelecimento de metas de abordagens processuais por escalões superiores é ilegal, a decisão final é do policial que aborda, neste caso acompanhamos o entendimento dos ministros.

Art. 244. A busca pessoal independerá de mandado, no caso de prisão ou quando houver fundada suspeita de que a pessoa esteja na posse de arma proibida ou de objetos ou papéis que constituam corpo de delito, ou quando a medida for determinada no curso de busca domiciliar.

A busca pessoal independe de mandado judicial, o dispositivo legal é prático e inteligente, apesar dos movimentos jurisprudenciais de restrição do poder de polícia, no caso concreto, a apreciação do poder judiciário, analisando a legalidade de cada busca pessoal, inviabilizaria a operacionalidade e a atividade policial. A dinâmica policial operacional é muito mais célere do que os procedimentos burocráticos judiciais, a dinâmica criminal vive em constantes mudanças, necessitando de respostas rápidas do poder público, nesse caso específico dada pela polícia ostensiva.

Toda e qualquer abordagem policial resultará, ou pelo menos deveria resultar, em uma busca pessoal, visto que qualquer indivíduo, criminoso ou não, pode representar uma ameaça para as forças policiais em algum momento do procedimento. As buscas domiciliares e veiculares deverão ser sempre precedidas de buscas pessoais, as equipes só poderão buscar qualquer materialidade em uma residência ou em veículos, quando estiver excluída a possibilidade de agressão do abordado. Não custa reforçar, a segurança das equipes policiais deverá estar em primeiro lugar. A regra básica de qualquer abordagem policial é seguir a denominada ordem de prioridades: armas, ilícitos em geral e por último informações.

A atividade operacional é dinâmica, ao contrário de teorias utópicas, o mal existe e é cruel. Quem entende de atividade operacional é o policial, a apreciação de procedimentos táticos e técnicos de polícia, muitas vezes dentro do processo, pelo judiciário nem sempre apresentam efetividade. Policial aborda adolescente no centro do Rio de Janeiro, local de alta incidência criminal, relacionada aos denominados crimes de rua, principalmente durante a madrugada. Ao realizar a abordagem, boêmios dos bares próximos repudiam e questionam imediatamente a ação policial, sob os mesmos discursos politicamente corretos, restrição de liberdade e seletividade de minorias.

Ao realizar o procedimento, o policial em questão inverte a ordem de prioridade, buscando informações, fazendo perguntas ao abordado antes de revistar o suspeito e seus pertences. Desatento e preocupado com a pressão externa de populares, não percebe que o abordado mexia constantemente em sua mochila, tentando puxar uma arma de fogo para agredir as equipes. Para as pessoas que observavam a atuação policial era apenas mais um trabalhador, sofrendo preconceito das forças policiais, mas de fato era um criminoso armado disposto a matar qualquer um que impedisse suas ações criminosas. Na atividade policial, uma simples desatenção pode custar caro, de regra, a diferença entre a vida e a morte está no detalhe ocorrendo uma tragédia em frações de segundo. Dificilmente alguém não policial, que não vive tal complexidade, entenderá essa realidade.

Por mais que o procedimento de busca pessoal não necessite de autorização judicial e a anterior apreciação do poder judiciário, a discussão jurídica atual sobre o tema gira em torno do conceito permissivo da fundada suspeita. Atualmente inúmeras decisões judiciais discutem o tema, sendo a grande maioria no sentido de restrição das ações policiais (6). Por mais que o conceito apresente certo grau de subjetividade, magistrados que estão bem longe das ruas, posicionam-se geralmente de forma garantista, tentando padronizar o conceito amplo, afastando a subjetividade e a discricionaridade fundamentais para a atividade policial.

Atitudes antes entendidas como fundadas suspeitas, tais como nervosismo, tentativa de fuga, roupas incondizentes com o clima e volumes principalmente na região da cintura vêm sendo interpretadas como subjetivas, afastando a legalidade do ato, desprezando categoricamente o conhecimento empírico dos agentes policiais. Um exemplo é de que, durante patrulhamentos, policiais avistam indivíduo com mochila, olhando inquietamente para os lados, em atitude suspeita, destoando do ambiente e da conduta das demais pessoas próximas. Policiais realizam a abordagem encontrando grande quantidade de maconha, cocaína e craque, todas embaladas com alusão à conhecida facção criminosa carioca.

Em sede de polícia judiciária, durante a lavratura do flagrante, a equipe justificou o motivo da abordagem pelo simples fato de o indivíduo tentar empreender fuga com a aproximação da força policial. Condenado por tráfico na primeira e segunda instâncias, visto que as condições de variedade de drogas, antecedentes e *modus operandi* criminal afastariam o tipo penal de transporte para uso. Em recurso direcionado às instâncias superiores, o réu foi absolvido, causando estranheza e descontentamento das forças policiais.

A tese defensiva prevaleceu pelo argumento da teoria do fruto da árvore envenenada. Por mais que soe absurdo, o questionamento se deu na justificativa legal permissiva da abordagem, a fundada suspeita, o fato de o indivíduo tentar empreender fuga com a chegada da polícia não justificaria por si só a abordagem, segundo o judiciário. Como a justificativa da abordagem estava revestida de ilegalidade, segundo os ministros, todos os atos dali para frente estariam comprometidos. A apreensão e a consequente prisão foram invalidadas, em termos práticos, mais um traficante solto, colocando famílias inteiras em risco com sua atividade criminosa.

De quem é a culpa, do traficante não temos dúvidas, por mais que os fatores criminológicos sejam complexos, ninguém é obrigado a traficar. A grande maioria dos juristas estão afastados e desconectados da realidade, mas reclamar não resolverá nada, no caso concreto uma melhor justificação legal, definindo mais claramente o conceito de fundada suspeita, resolveria a problemática, mantendo a legalidade do ato.

Fugir da polícia, comportar-se de maneira nervosa e ativa, atento a toda movimentação policial, estar em área de grande atuação do tráfico local, além dos antecedentes e dados preteridos de inteligência todos autuados dentro do procedimento investigativo, dificilmente seria refutado pela defesa e acolhidos pelo judiciário. Pode dar trabalho, mas é melhor estudarmos e produzimos elementos de informação mais robustos do que ver traficantes sendo soltos, após colocarmos nossas vidas em risco, por avaliações meramente formais.

A dificuldade de entendimento e a consequente aplicação da lei e de decisões mais próximas da realidade estão diretamente conectadas ao desconhecimento da atividade policial. As abordagens não são somente procedimentos repressivos, fundamentadas no Código de Processo Penal, estes procedimentos possuem efeitos preventivos e dissuasórios do crime, existindo exemplos nas iniciativas públicas e privadas. Quanto mais abordagens são realizadas, menos os criminosos ficam à vontade para cometer seus delitos, aumentam a captura de foragidos da justiça e automaticamente a sensação de segurança da população.

Em sentido contrário, direitos individuais são limitados e oportunidades para cometimento de crimes caracterizados por abuso de poder aumentam para profissionais despreparados e mal-intencionados. É importante sopesar tais variáveis, visto que de regra segurança pública e intimidade são inversamente proporcionais quando falamos de busca pessoal. A discussão sobre o tema deve ser ampla, entretanto uma observação se faz necessária nesse momento: restringir a atividade policial só interessa ao crime.

No âmbito da iniciativa privada é bem comum a realização de busca pessoal, na maioria dos casos por meios eletrônicos, nos indivíduos e em seus pertences. Ocorrem por força de contrato para entrada e permanência em eventos coletivos, sendo uma condicionante para uma das partes. Quem nunca se submeteu a uma revista pessoal para entrar em um show de música, uma boate, não realizada por policiais, mas por agentes de segurança privada, agindo com naturalidade, sem grandes resistências pelos revistados.

Na esfera pública, destacamos os exemplos de buscas de acesso a transportes aeroviários, estatuto do torcedor e as visitas em ambientes prisionais, como espécies de buscas preventivas, existentes em nosso ordenamento jurídico. Resumidamente, o problema não é o procedimento de busca em si, mas como este é realizado e principalmente os excessos cometidos por agentes públicos despreparados. Mesmo sendo a menor parte das milhões de interações entre polícia e sociedade, os abusos sempre terão maior visibilidade, notícia ruim é a que vende, reforçando a necessidade de instrução e controle constantes nas instituições policiais.

Reclamar, indignar-se, questionar leis e decisões judiciais, sendo estas a regra do jogo, não trarão a efetividade e as melhorias necessárias para a atividade policial. Rever protocolos, tornando-os públicos, aumentar o conhecimento e olhar para dentro das instituições policiais, melhorando a prestação do serviço, retomando, assim, a credibilidade necessária perante a população, são medidas necessárias e possíveis que diminuirão consideravelmente os questionamentos relacionados às buscas policiais.

Art. 249. A busca em mulher será feita por outra mulher, se não importar retardamento ou prejuízo da diligência.

O artigo supracitado trata de um tipo de abordagem diferenciada, a busca em mulheres. As mulheres estão cada vez mais conquistando seu espaço na sociedade e no crime não é diferente, não é raro observarmos mulheres assumindo cargos relevantes em organizações criminosas, criando a necessidade de alteração dos protocolos e atitudes policiais no ambiente operacional.

A lei dá a preferência e não a obrigatoriedade de a busca em abordados do sexo feminino ser realizada por policiais do mesmo sexo, deixando claro que esse fato não pode dificultar a diligência policial. Ainda existe grande desigualdades na proporção entre homens e mulheres na polícia, algo que vem melhorando ao longo dos últimos anos, as mulheres não devem nada aos homens na atividade operacional, mas o fato é que nem todas as equipes policiais possuem mulheres em seus quadros. A título de exemplo, o BOPE-RJ até hoje não possui mulheres nos seus quadros operacionais.

O que fazer no caso de busca em mulheres por equipes policiais formadas por homens, não revistar, solicitar que uma mulher civil faça o procedimento, esperar a chegada de uma policial feminina ou realizar a busca por um policial de maneira cautelosa, o último procedimento é a melhor opção. O homem pode revistar uma mulher, só seria ilegal a conduta, caso houvesse uma mulher integrando a equipe. Não realizar a revista é algo fora de cogitação, visto que esse ato, dependendo do caso concreto, colocaria a equipe policial e terceiros em risco, além das possíveis repercussões em âmbito penal e administrativo, relacionadas aos crimes omissivos.

A opção de solicitar uma mulher não policial parece simples, mas vulnerabilizam as equipes ao um risco desnecessário. O procedimento gera exposição da cidadã solicitada, qualquer abordagem é imprevisível e representa risco, colocar um terceiro nessa situação não seria recomendável. Por mais que a revista pessoal seja um procedimento operacional simples, policiais treinados costumam errar, logo como uma pessoa leiga que nunca teve contato com os procedimentos policiais realizará tal procedimento de maneira efetiva e segura?

O policial deve se proteger juridicamente, com o enfraquecimento do instituto da fé pública e a falta de credibilidade das forças policiais, são os agentes públicos o lado mais fraco da relação. Ao abordar mulheres, produza elementos de informação, se possível, utilize testemunhas de fora da equipe, realize filmagem de todo o procedimento. A mera suspeição de qualquer abuso poderá gerar severas responsabilizações, mesmo antes de qualquer comprovação do fato.

Os crimes contra a liberdade sexual, condutas de grande repulsa social, sofreram alterações legais significativas. O tipo penal de estupro, antes configurado pela relação entre os órgãos produtores masculino e feminino, foi ampliado para diversas condutas, que vão além de contato direto entre os órgãos sexuais. Durante megaoperação em comunidade sob forte influência do tráfico, informações davam conta que traficantes locais usavam mulheres e crianças para retirar armas e drogas da comunidade, por levantarem menos suspeitas do que os homens, não sendo revistadas pela polícia.

Um grande grupo de mulheres observam uma patrulha policial e tentam se evadir, indo ao encontro de outra patrulha do BOPE. O fato de sairem de um baile funk onde ocorria uma série de crimes, estarem em local sob forte influência do tráfico, tentarem fugir da polícia, somadas às informações prévias dos setores de inteligência, deixavam claras a ocorrência de fundada suspeita. O fato de não ter mulheres nas equipes operacionais do Bope não inviabilizaram a revista. Ao iniciar o procedimento, as mulheres reagem, gritando, tentando criar tumulto visando intimidar os policiais, dar notoriedade a inexistentes abusos, visando esconder os flagrantes.

Realizando o procedimento sem colocar as mãos nas partes íntimas das mulheres, policiais com as mãos fechadas, utilizando o dorso destas, afastando assim a possibilidade de qualquer argumentação de atentado contra a dignidade sexual feminina, sentem volume escondido. O objetivo era encontrar armas e drogas em grande quantidade, por vezes é melhor perder uma ocorrência de porte para uso do que responder por tentativa de estupro, e ter a imagem pessoal e institucional destruída em uma verdadeira guerra informacional. Percebendo a vulnerabilidade das abordagens, as equipes realizam toda a filmagem e, após uma breve revista, encontram duas pistolas e uma carga considerável de drogas sendo transportada pelas mulheres. Vivemos em um estado de direito, jamais poderemos renunciar a isso, para sobretudo não sermos a próxima vítima, entretanto, criminosos usam da vulnerabilidade e tentam encontrar brechas na lei e decisões judiciais para burlarem as ações policiais.

A busca pessoal é um dos procedimentos mais comuns da atividade policial, causa ínfima restrição de liberdade, reconhecida sobretudo pela doutrina e jurisprudência como um mero aborrecimento. Apesar do correto entendimento, tal restrição não pode ser estendida injustificadamente, apenas para a espera de uma policial feminina, que poderá estar a minutos ou horas do local da abordagem. No ambiente operacional, rapidez e agilidade é sinônimo de segurança, para as equipes policiais, no combate à criminalidade violenta não cabe recurso.

Durante patrulhamento em áreas de alto risco, nas comunidades sob forte influência do tráfico ou das milícias no Rio de Janeiro é comum uma equipe realizar dezenas de abordagens a pessoas durante o deslocamento. Esse tipo de operação ocorre sem alterar completamente a rotina da comunidade, apesar dos riscos, os moradores mantêm seus direitos de ir e vir, passando a todo momento pelas patrulhas policiais. Visando resguardar a segurança de todos, indivíduos que passam pelas equipes devem ser revistados de maneira rápida, visto que esse procedimento geralmente não é o objetivo principal da operação.

Qual é a argumentação para tal procedimento, o conceito de fundada suspeita cada vez mais rígido corresponde a essa realidade, com a devida vênia, a resposta só pode ser negativa. A breve busca pessoal supracitada ocorre para resguardar a segurança das equipes, configurando uma espécie de estado de necessidade ou legítima defesa pré-ordenada, deixar uma pessoa entrar no meio da equipe sem qualquer procedimento de segurança pode ser considerado suicídio, uma granada faz um estrago. Equipes são acionadas para resgatar policiais encurralados, e mesmo com a intensa troca de tiros, moradores tentavam manter a vida dentro da normalidade. Pessoas iam e voltavam para o trabalho, bares lotados e o baile funk local corria com o som nas alturas.

Aproximando-nos da base da unidade de polícia comunitária local, observamos grande correria, criminosos, moradores e simpatizantes se misturavam, evadindo-se em todas as direções. Como o objetivo principal era resgatar os policiais, estando um deles gravemente ferido, a busca às pessoas que vinham na direção das equipes se resumiam a ações visuais e enquadramentos de tiro, sem manter contato físico com estes. Momento como estes são complexos para se fazer qualquer avaliação jurídica, ainda mais de um instituto jurídico como a legítima defesa, a vida dos policiais deve ser sempre prioridade, a preocupação se torna quase que exclusivamente tática, vamos sobreviver, as consequências observamos depois.

Um dos transeuntes, sem mostrar qualquer atitude suspeita, no meio da correria, em um ambiente escuro com explosões e gritaria por todo lado, passa pela equipe e de maneira covarde arremessa uma granada improvisada. O ataque não causou grandes danos, mais por sorte do que pelos procedimentos técnicos operacionais adotados pela experiente equipe. Esse é um bom exemplo de que o direito e, por vezes, suas interpretações estão aquém da realidade operacional dos nossos policiais, e não só isso, as abordagens vão além das questões processuais, por vezes são ferramentas fundamentais de manutenção da vida dos operadores primários do direito.

Apesar do código só positivar a busca pessoal diferenciada realizadas em mulheres, na prática é comum realizar busca pessoal em crianças, idosos, homossexuais e outras minorias, visto que qualquer um pode ser um criminoso. Normalmente esses procedimentos geram comoção e possíveis repercussões negativas para a instituição e principalmente para os policiais diretamente envolvidos. Ao realizar qualquer dessas abordagens, imediatamente aparecem as câmeras da verdade, a conduta policial é filmada a todo instante, o que não podemos dizer das ações dos criminosos, nem sempre a busca pela verdade ocorre de maneira igualitária.

Polícia é sinônimo de bom senso, colocar uma criança ou um idoso em posição desconfortável, com as mãos na parede ou na cabeça deve ser evitado, é preciso avaliar qual o risco que estas pessoas representam para a equipe policial no caso concreto, avaliando ou não a necessidade de flexibilização do procedimento. Não significando que crianças ou idosos não possam cometer atos infracionais ou crimes respectivamente, mas dificilmente no caso concreto, estes indivíduos representarão risco a uma equipe policial atenta e preparada. A cena de um policial fardado, revistando qualquer minoria será a oportunidade perfeita para os oportunistas do caos reforçarem seus preconceitos e ideologias, sem chance de contra-argumentação, a imagem de polícia fascista está configurada, não dê essa oportunidade.

Durante longa ocupação em determinada comunidade da Zonal Sul Fluminense, o tráfico de drogas sofrendo enorme prejuízo financeiro, muitos deles resultantes do vasculhamento especializado dos cães policiais, começa a agir desesperadamente. O crime muda de estratégia constantemente, mitigar as perdas é questão de sobrevivência e naquele momento a prioridade era tirar as armas do morro. É importante entender que criminosos não possuem consciência social, sua motivação é exclusivamente pecuniária, princípios éticos e humanitários não fazem parte do jogo, o objetivo é lucrar custe o que custar.

A criatividade e a maldade dos traficantes não têm limite, crianças com roupa de escola e fuzis desmontados na mochila, idosos cadeirantes com pistolas nos assentos e mulheres com drogas nas bolsas eram algumas das estratégias utilizadas. Bastava o policial se aproximar que as câmeras pessoais e da grande mídia já se direcionavam para as equipes, o discurso já estava pronto, polícia militar abusiva aborda inocentes crianças, idosos e mulheres moradoras da comunidade carentes. As cenas iniciais eram exatamente essas, mas os próximos capítulos da história eram intencionalmente omitidos, é importante entender que a guerra de hoje é no campo das ideias, e se ignorarmos esse fato continuaremos enxugando gelo, andando em círculos sem resolver o problema, o tiro e a bomba nunca resolveram a questão da segurança pública e não será agora que resolverá.

Em mais um dia de ocupação policial, 24 horas dentro da comunidade, muitas vezes sendo hostilizado sem saber o motivo, equipes seguiam firmes na missão. Policiais observam um garoto de aproximadamente 8 anos, com a camisa de um time de futebol e um volume considerável na cintura. Na atividade policial tudo é possível, ainda mais no Rio de Janeiro, aquele menino deveria ser revistado. Volume na cintura, local sob forte incidência do tráfico, dados de inteligência podem não ser considerados para muitos como fundada suspeita, mas para quem está na rua, sendo atacado constantemente, é a fundamentação perfeita para o procedimento.

Não seria novidade uma criança daquela idade armada, é triste, mas é uma das piores realidades brasileiras, o crime não perdoa. Era a matéria jornalística perfeita, oficial do BOPE, branco, aborda e revista criança negra, pobre e favelada, a polícia seria mais uma vez capa do jornal, com a pressão da mídia seria um julgamento antecipado sem direito a contraditório ou ampla defesa. O policial se aproxima, a fundada suspeita apesar de absurda era clara, o objetivo era ver o que o menino tinha na cintura. Com experiência e bom senso, o policial aborda brincando, falando que o time do menino era o melhor do mundo e que aquela camisa era muito bonita, pedindo para ele mostrar a camisa. O garoto em atitude suspeita, sorridente, levanta a camisa aparecendo imediatamente o volume, não era uma arma, mas, sim, um biscoito recheado, que possivelmente escondia dos amigos, quem nunca fez isso?

Ufa, missão cumprida, com engenhosidade e dentro da legalidade, mesmo que tal exemplo não seja ensinado nos bancos de instrução policial e não esteja nos livros de direitos ou nas decisões processuais, o policial cumpriu a missão da melhor maneira possível sem constrangimentos e com segurança. O público, por vezes sedento de sangue, viu um policial brincando com uma criança, ao invés de uma grande crise e argumentos para os contrários das ocupações policiais, a abordagem foi efetiva, sem maiores traumas.

Lendo o Código de Processo Penal, não encontramos referência diretas à denominada busca veicular, procedimento comum e rotineiro em todas as polícias ostensivas do mundo. Nesse momento, é importante fazer uma breve observação, parte da doutrina refuta o termo abordagem de rotina, visto que, assim como a busca pessoal, o fundamento legal para a abordagem de veículos é a fundada suspeita e esta jamais poderá ser justificada pela atividade rotineira. Legalmente, o policial deverá justificar individualmente cada abordagem, particularizando a conduta do abordado e os atos que levantaram à suspeita para cada caso concreto. Por mais que realizemos muitas buscas veiculares, a rotina é um fundamento que não se configura na atividade policial operacional menos ainda na teoria da justificação legal.

Nossos tribunais superiores equiparam a busca veicular às buscas pessoas, logo a fundada suspeita é a fundamentação legal e por conseguinte independe de mandado. A utilização de veículos, carros e motocicletas é comum para o cometimento de diversos crimes e para o deslocamento de criminosos, despertando a atenção das forças policiais. As observações realizadas para a busca pessoal equivalem-se às buscas veiculares, destacando-se aspectos técnicos operacionais e as variações inerentes aos casos concretos.

A busca pessoal estende-se ao veículo, sendo este considerado um pertence do abordado, a alegação de que o veículo é extensão da residência, o que mudaria toda sustentação jurídica, não procede, visto que de regra ninguém mora dentro do veículo. Os casos excepcionais de veículos que funcionam mesmo que transitoriamente como residência possuem maior proteção jurídica, equiparando o raciocínio jurídico e o procedimento policial equiparado às buscas domiciliares, que estudaremos a seguir.

A doutrina e a jurisprudência divergem em relação à busca veicular sem autorização judicial em boleias de caminhão e motorhomes. O melhor entendimento, segunda a nossa visão, é aquele que afirma que estes veículos quando em deslocamento poderão ser revistados em caso de fundada suspeita. A impossibilidade de revistas seria um verdadeiro salvo-conduto para transporte de ilícitos pelas cidades, oportunidade perfeita para os criminosos circularem com armas e drogas livremente pelo país. Em contrapartida, estacionados em momentos de descanso, em postos de gasolinas ou áreas de acampamento, a justificativa legal é distinta, mais ampla denominada de fundada razão, sendo a intimidade protegida em maior grau pelo ordenamento jurídico, equiparando-se nesse momento à busca domiciliar, tema complexo que ainda estudaremos.

Equipes da polícia rodoviária abordam caminhão em estrada de grande circulação que liga as duas principais capitais do país. Dados de inteligência confirmam ser uma importante rota de deslocamento de armas e drogas, ao aproximar-se do veículo, o motorista acelera e não responde inicialmente aos comandos policiais, alegando posteriormente não ter escutado a sirene e a sinalização realizada pelos policiais. Iniciada a revista, o condutor apresentava intenso nervosismo e os cães policiais sinalizavam para a existência de armas e drogas, não sendo encontradas em posse do motorista, na caçamba ou na cabine do caminhão.

Os cães policiais continuavam a dar o sinal, todos os sinais e atitudes levavam à ilicitude, naquele momento e local, não haveria qualquer possibilidade de autorização judicial, na prática não existe uma conexão rápida e direta entre a polícia e o judiciário. Por estar em deslocamento, os policiais, compactuando do nosso entendimento, revistam a boleia do caminhão, encontrando grande quantidade de armas munições e material entorpecente.

Direito é argumento, de certo que a defesa alegará invalidade das provas adquiridas, pelo fato de a boleia ser equiparada juridicamente à residência, necessitando de autorização policial para as buscas. Os policiais e possivelmente o ministério público defenderão a tese de que, no caso concreto, a revista do veículo se equipara à revista pessoal, por estar em deslocamento e a intimidade é ferida minimamente, sendo necessária a comprovação de fundada suspeita, menos complexa que a fundada razão, instituto permissivo das buscas domiciliares.

No procedimento de abordagem veicular, é possível verificar claramente as diferentes espécies de busca: processuais e administrativas. A Lei 9.503/1997 conhecida como CTB (Código de Trânsito Brasileiro) tipifica uma série de ilícitos criminais e administrativos, permitindo a realização de operações policiais voltadas prioritariamente para repressão de ilícitos administrativos, sem a necessidade de justificação de fundada suspeita por se tratar de ato fiscalizatório. Operações como a Lei Seca, fiscalização de documentação, dentre outras de caráter administrativo geralmente violam a regra da ordem de prioridade das abordagens, aumentando o risco e a vulnerabilidade dos policiais, na realização de atividades fiscalizatórias, visto que essas não podem ser separadas nas práticas das ações de segurança pública.

Durante operação da Lei seca, grupo de criminosos que acabara de roubar um veículo na região, logo não constando ainda como roubado no cadastro policial, cai na operação de fiscalização sendo parado pelas equipes mistas de policiais e agentes de trânsito. Cumprindo o protocolo, o agente não policial solicita a documentação pessoal do motorista e do veículo, mas o policial que dava segurança à operação percebe uma movimentação suspeita dentro do veículo, dando início a uma intensa troca de tiro.

Cidadãos fiscalizados e agentes administrativos se jogavam no chão buscando proteção, enquanto policiais buscavam melhores pontos de abrigo, preocupados com suas vidas e a das demais pessoas no meio da linha de tiro. Os criminosos abrem fogo à vontade e fogem, deixando um civil baleado ao solo, que fique a lição, em um ambiente conflagrado como o Rio de Janeiro, jamais solicitamos a documentação de qualquer pessoa, sem antes neutralizar a possibilidade de ataque, por meio de uma busca pessoal. Protocolos devem ser seguidos, atos administrativos e fiscalizações devem ser as mais harmônicas possíveis, desde que não comprometam a segurança dos policiais e dos demais integrantes do processo. Leis, normas e procedimentos devem ser sempre adaptados ao ambiente onde estão regulando.

Assim como a busca pessoal, na busca veicular, o ponto de maior discussão é sobre a definição teórica e a devida aplicabilidade prática da fundada suspeita. A autuação pouco fundamentada baseada na mera subjetividade policial não vem sendo aceita com justificativa da busca veicular, comprometendo toda a prova colhida e as prisões realizadas. Equipes da PM em patrulhamento observam entregador de alimentos, que segundo informações da inteligência, usava tal disfarce para cometer o crime de tráfico de drogas, na modalidade "disque-droga".

A fundada suspeita era consistente, mas os policiais por preguiça ou desconhecimento não autuaram toda a fundamentação necessária, justificando a abordagem somente pelo nervosismo aparente do abordado. No direito, vale o que está escrito e nos autos, o juiz é ou deveria ser inerte, não buscará informações externas ao processo para realizar uma condenação. São os policiais operacionais e investigadores que devem trazer os elementos de informação para dentro do inquérito e posterior processo.

O indivíduo sofria uma vigilância pretérita da polícia, dados de inteligência confirmavam que entregadores de comida realizavam "disque-droga" na localidade, com a aproximação das equipes policiais, o abordado aumentou a velocidade da motocicleta, empreendendo fuga, todos estes fatos, somados ao nervosismo do abordado, configurariam perfeitamente a fundada suspeita, sendo estas atitudes dificilmente refutadas pela defesa.

Como já afirmamos, direito é argumento, o juiz avalia o que está dentro do processo, não condenará sabido criminoso com provas inválidas, essa é a regra do jogo. Questionar ou se revoltar com o processo não resolverá a questão, o caminho é produzir melhor os elementos de informação, essa é a parte que compete às forças policiais, a operacionalidade por si só não se sustenta, se não evoluirmos continuaremos revoltados, vendo traficantes, homicidas, roubadores e corruptos saindo pela porta da frente dos fóruns e delegacia, por erros ou ineficiência dos nossos atos.

Taticamente as abordagens em veículos são mais complexas do que as abordagens a pessoas. Sempre iniciando por estas, visto que jamais revistaremos um veículo sem neutralizar a possibilidade de risco vindo de motoristas e ocupantes do automóvel abordado.

Carros, caminhões, coletivos e motos são instrumentos de mobilidade urbana constantemente usados como meios diretos ou auxiliares de crimes, sendo alvo constante das abordagens policiais, necessitando de procedimento operacional distinto para cada um deles.

Comunicação ao comando e controle e aos integrantes da equipe, escolha do local da abordagem, técnicas de instrução tática individual, tais como controle de cano, cobertura, utilização de abrigos e cobertas são alguns procedimentos operacionais de padrão das abordagens veiculares que extrapolam o conceito mais simples das buscas veiculares. Esses fatores práticos que impactam diretamente no resultado jurídico de uma ocorrência devem ser levados ao processo, visto que nem sempre o magistrado possui tal conhecimento e tais ignorâncias podem comprometer o julgamento.

Durante patrulhamento em violenta área da baixada fluminense, equipe de rádio-patrulha, normalmente formada por dois homens, recebe informação via rádio de que um veículo de marca, cor e modelo definidos, cometia roubos na região. Em ato contínuo, veículo com as mesmas características passa pela viatura policial em alta velocidade, após ordem de parada ignorada, inicia-se uma breve perseguição. Informações preliminares de inteligência, veículo em alta velocidade, negativa de ordem de parada e utilização de película de segurança, impedindo a visualização de movimentos suspeitos e comprometedores da segurança policial fundamentavam a fundada suspeita perfeitamente.

Após inúmeras tentativas de abordagens, os policiais abrem fogo contra o veículo em atitude suspeita, fazendo com que ele pare forçadamente metros depois. Sem sair ninguém do veículo, os policiais se aproximam com toda cautela e começando a escutar gritos desesperados, não se tratava de criminosos, mas, sim, de jovens saindo de uma festa e um deles estava gravemente ferido. Atirar em veículos em fuga é um procedimento inaceitável, a própria Lei 13.060/2014, que regulamenta o uso dos instrumentos de menor potencial ofensivo, veda tal ação. Sem dúvidas, é mais fácil criticar e escrever sobre o tema do que estar nas ruas combatendo o crime, sujeito aos erros oriundos de uma profissão dificílima, revestidos de uma falsa percepção da realidade.

No caso concreto, tudo indicava que o veículo era de criminosos, em muitos casos na atividade policial operacional, não atacar significa uma sentença de morte, visto que o próprio instituto da legítima defesa pode ser real ou iminente, entretanto, o fundamento básico de tiro, de antes de realizar disparos identifique que o seu alvo deve ser aplicado aos casos concretos, abrigue-se e nunca atire sem certeza, o punido poderá ser você. Verdadeira tragédia, uma jovem morta pelas mãos daqueles que juraram protegê-la, ataques à instituição como um todo, policiais duramente responsabilizados penal e administrativamente. Por mais que pareça simples e corriqueiro o procedimento de abordagem a veículos, o fator ambiental faz toda a diferença, na selva urbana do Rio de Janeiro são os conhecimentos jurídicos, técnico e o controle emocional a melhor defesa para os agentes policiais.

Finalizando a abordagem jurídica e técnica da abordagem a veículos, questão polêmica interessante está relacionada à utilização das chamadas películas de segurança. Como o próprio nome já afirma, as películas para escurecer vidros de veículos têm por objetivo dar privacidade e segurança aos proprietários destes. A explicação técnica é simples, criminosos são covardes e de regra busca alvos mais vulneráveis, dando preferência a veículos sem película, observando melhor a vítima e sua postura, buscando sempre as aparentemente mais frágeis.

Por mais que dê segurança e privacidade, lembrando que está em muitos momentos inversamente proporcionais à segurança pública, fato é que tais equipamentos dificultam demais a atividade policial operacional. Segundo nosso entendimento, o simples fato de não saber quem está dentro do veículo e a postura adotada com a aproximação da força policial já representam fundada suspeita, legitimando a busca veicular. Na prática, poderá ser uma família tentando se esconder de criminosos, mas também poderá ser criminosos também tentando se esconder da polícia. Nesse contexto, os mais vulneráveis ainda são os operadores primários do direito, logo na dúvida aborde, para sua segurança e o bem comum.

No último dia de Carnaval do ano de 2007, equipe patrulhando na madrugada festiva observa veículo saindo do interior de uma comunidade sob forte influência do tráfico de drogas. Carro aparentemente pesado, saindo de uma área de alta incidência criminal, horário de alta incidência criminal relacionado à mancha delituosa que, ao avistar a viatura policial, comporta-se de maneira indecisa, fundamentando atitudes mais que justificantes para uma abordagem.

O experimentado comandante da equipe comunica a todos que seria realizado o procedimento de busca veicular. Espera o veículo entrar em uma área mais segura para a realização da abordagem, mas, antes de iniciar o procedimento, começam os disparos, vindos do interior do veículo. Usando da cobertura, só possível pelo uso da película de segurança, os criminosos apoiam seus fuzis na tampa da mala e abrem fogo contra a viatura policial, baleando gravemente o motorista e o comandante, dando início a um intenso tiroteio, com os policiais já em desvantagem.

No caso concreto, a película foi de segurança para os criminosos, o fator surpresa é um diferencial no combate. A realidade é complexa, não podemos abrir fogo contra veículos em fuga, por não identificarmos que está dentro, mas por outro lado somos atacados de surpresa, por não ser possível visualizar criminosos no interior de veículos com películas, a desigualdade é latente. Três policiais gravemente feridos e criminosos evadidos, o tema deve ser debatido tecnicamente, mas enquanto isso não acontece, criminosos transitam anonimamente pela cidade, colocando policiais e cidadãos sob a mira de suas armas, nunca saberemos quem será a próxima vítima.

Assim como todo procedimento policial, a busca pessoal é balizada por aspectos técnicos e legais, de regra os policiais só devem atuar dentro da técnica e da legalidade. Por óbvios, esses dois parâmetros são correlatos, entretanto como defendemos em ideia central do livro, as leis são atrasadas, muitas vezes por sua burocracia ou incompetência formativa, não acompanhando as dinâmicas operacionais. Deixam os policiais operacionais com poucas ferramentas, para o exercício do policiamento ostensivo e a preservação, manutenção e restabelecimento da ordem pública.

Tecnicamente, a abordagem em pessoas que engloba a busca pessoal não apresenta grandes complexidades, sem levar em consideração todos os aspectos psicossociais inerentes a qualquer atividade de risco. As técnicas de uso progressivo da força, variando entre a verbalização e o extremo do uso da força letal são conhecimentos fundamentais para a aplicabilidade do instrumento policial adequado ao caso concreto. A prática de policiamento e as recém reconhecidas ciências policiais não são exatas, existindo diversas variáveis na relação polícia, sociedade e ambiente, dando um grau de ineditismo a toda e qualquer ocorrência policial.

Sem dúvida, a colaboração da população com a atuação policial é um diferencial positivo, dificilmente as abordagens contra indivíduos colaborativos terminarão em ocorrências criminais ou com uso da força. Caso ocorra uso indevido da força, os responsáveis devem ser firmemente punidos pela própria instituição, não por mero capricho punitivo, mas porque esses atos comprometem a credibilidade institucional. É importante destacar que, na relação polícia sociedade, são os servidores públicos os profissionais na interação, devendo sempre dar o exemplo.

A força empregada habitualmente deverá ser proporcional à reação do indivíduo abordado. "Policial, qual a necessidade de apontar essa arma na minha direção?", que policial operacional nunca ouviu essa frase. Por mais que seja desagradável, a segurança do agente público é prioridade nas abordagens, os policiais são as pessoas mais vulneráveis durante o ato. Atacados quando estão apenas fazendo o seu serviço e cumprindo sua missão constitucional, tecnicamente, enquanto não for zerada a possibilidade de agressão, o armamento, instrumento de defesa, estará sempre em pronto emprego.

Ainda dentro da parte técnica da abordagem, questão jurídica e operacional controversas, está relacionada à possibilidade de emprego de arma fogo para cessar possível ameaça futura. Policial feminina com aproximadamente 1.55 metros de altura e apenas 50 quilos aborda indivíduo com o dobro de seu tamanho, com postura não colaborativa. Desrespeitando aos comandos da policial, caminha em sua direção, surgindo a dúvida de qual seria a melhor solução técnica, legal, para essa ocorrência.

Sem os recursos dos instrumentos de TMPO (Técnicas de Menor Potencial Ofensivo) basicamente espargidores de pimenta ou lacrimogênio e armas de eletrochoque, que nem sempre garante a neutralização completa de um agressor, as possibilidades diminuem. Apresentando técnicas de defesa pessoal insuficientes, não restaria dúvida pela utilização da arma de fogo como último ou único recurso. Atira ou corre o risco de perder sua arma de fogo e morrer por meio dela mesma.

A simples análise genérica do caso: policial atira em indivíduo desarmado, não representará a realidade da ocorrência. É fundamental, durante a análise técnica e jurídica, focar nos detalhes, produzindo bons elementos de convicção que evitarão uma possível injustiça. O uso da força deve ser sempre gradativo, os argumentos devem girar em torno das ações, deu a voz de parada e ordem de posicionamento em posição desconfortável para a revista, sem êxito. Antes do disparo letal, realizou um disparo de advertência em área segura, se houver, o que nem sempre é protocolar, mas no caso concreto deixará claro a progressão e a intensão de não utilizar a força letal primariamente, tudo isso se a distância para o possível agressor permitir, são inúmeros detalhes a variáveis que diversificarão cada caso.

Não havendo outra opção realize disparos em partes não vitais, o que na prática também nem sempre é possível, visto que poucos policiais treinam tal procedimento e teriam essa habilidade. É um absurdo atirar em um indivíduo desarmado, depende muito do caso concreto, o direito é menos complexo do que a atividade operacional, visto a gama de variáveis. Muitas vezes, a condição de ser negro, homossexual e nesse caso mulher, públicos mais vulneráveis, desaparece pelo simples fato de ser policial. O caso concreto é de legítima defesa, convenhamos que a argumentação jurídica não é das mais simples, em um ambiente jurídico nem sempre favorável, mas no quase sempre preciso jargão policial, é melhor ser julgado por sete, do que carregado por seis, o risco nem sempre é controlado.

Art. 240. A busca será domiciliar ou pessoal.
§ 1º Proceder-se-á à busca domiciliar, quando fundadas razões a autorizarem, para:
a) prender criminosos;
b) apreender coisas achadas ou obtidas por meios criminosos;
c) apreender instrumentos de falsificação ou de contrafação e objetos falsificados ou contrafeitos;
d) apreender armas e munições, instrumentos utilizados na prática de crime ou destinados a fim delituoso;

e) descobrir objetos necessários à prova de infração ou à defesa do réu;

f) apreender cartas, abertas ou não, destinadas ao acusado ou em seu poder, quando haja suspeita de que o conhecimento do seu conteúdo possa ser útil à elucidação do fato;

g) apreender pessoas vítimas de crimes;

h) colher qualquer elemento de convicção.

Retraindo um pouco na análise do Código de Processo Penal, voltamos ao artigo 240, para iniciarmos o estudo da busca domiciliar. Assim como na busca pessoal, o procedimento legal faz parte de um procedimento mais amplo, denominado abordagem a edificações, sendo o fundamento jurídico para a realização desse corriqueiro procedimento policial, a denominada fundada razão.

Inicialmente é importante observar que o direito à inviolabilidade de domicílio apresenta maior proteção, sendo este considerado direito fundamental, previsto em nossa Constituição Federal. A Magna Carta é o centro do nosso ordenamento jurídico, emanando seus princípios para todo o nosso regramento legal, sendo os princípios basilares das leis, decretos e regulamentos. Em termos práticos, na dúvida, devemos sempre consultar a Constituição.

Mais precisamente no artigo 5°, inciso XI, está previsto o direito fundamental da inviolabilidade do domicílio, entendendo o constituinte que o lar é o ápice da intimidade de qualquer pessoa. Como já afirmado no estudo, nenhum direito em nosso ordenamento jurídico é absoluto, sendo excepcionada as possibilidades de violação lícita de bem jurídico constitucionalmente tutelado nos casos de flagrante delito, desastres, prestação de socorro, decisões judiciais no período diurno e resultante de autorização do próprio morador.

Não é incomum que criminosos utilizem domicílios para o cometimento de crimes ou para se homiziar das forças policiais, existindo aí um grave conflito de interesses e bens juridicamente tutelados, a intimidade do lar e a necessidade de reprimenda do poder público em caso de crimes. O artigo 240 e seguintes do Código de Processo Penal detalham a ideia central da Constituição Federal, criando padrões de procedimentos, de caráter obrigatório para os policiais, sendo um ótimo exemplo de operacionalidade primaria de direito.

É uma dinâmica jurídica básica, a norma central preleciona princípios, e as leis inferiores hierarquicamente, como o Código de Processo Penal, por exemplo, explica e detalha os procedimentos. Como os fatos sociais são mais complexos do que a norma, sendo impossível que está preveja ou se encaixe perfeitamente em todos os casos concretos, é necessário a interpretação da lei, realizada por todos os operadores do direito, com destaque para os magistrados, decisor final do processo, refletindo diretamente na dinâmica operacional policial. Não basta conhecer as normas legais, é muito importante saber como estas estão sendo interpretadas.

O Capítulo XI do Código de Processo Penal tem como título "Da busca e da apreensão", por mais que tais condutas estejam juntas são ações distintas, sendo de regra no caso concreto complementares. As alíneas do parágrafo primeiro utilizam os verbos "prender", "aprender" e "colher", relacionados ao ato de apreensão e o verbo "descobrir" intimamente ligado à ação de buscar. Prática comum na atividade operacional é o denominado vasculhamento, que consiste em procurar os ilícitos, escondidos por criminosos na tentativa de encontrar o flagrante e impor a consequente repreenda legal.

Assim como na abordagem de pessoas, o conceito permissivo é revestido de subjetividade. As denominadas fundadas razões, de difícil definição teórica, são as condições legais aplicadas ao caso concreto, permissivas para a violação excepcional do direito de intimidade protegido pelo domicílio. A primeira observação relevante ao tema está relacionada à definição de domicílio. O termo domicílio protegido pelo artigo 150 do Código Penal e pelo artigo 22 da Lei de Abuso de Autoridade (Lei 13.869/2019) tem amplitude maior do que o termo casa ou residência.

Se o direito fundamental protegido é a intimidade, a regra para a definição do termo residência, em termos práticos para o agente policial, é a avaliação se o ambiente revistado tem ou não acesso ao público. Escritórios, consultórios e estabelecimentos comerciais só poderão ser acessados pelas forças policiais nos locais de livre circulação ao público, como prevê o artigo 246 do código estudado, ou nas condições excepcionais previstas pela Constituição Federal.

Equipes em patrulhamento recebem denúncia anônima de que em determinado ferro velho havia carros roubados sendo desmontados.

Procedendo ao local, constatam o flagrante, diversos veículos produtos de crime sendo depenados, configurando o crime de receptação previstos no artigo 180 do Código Penal. As equipes continuam as buscas pelo pátio do estabelecimento, chegando ao escritório da oficina, lá encontrando armas e munições. Por se tratar de ambiente protegido pela intimidade, equiparado à domiciliar, o flagrante posterior de porte ilegal de armas, por se tratar de armamento de porte restrito, foi invalidado em sede processual, pelo fato de violação de intimidade do preso. As provas colhidas no caso em tela foram descartadas judicialmente, restando somente o crime de receptação.

O termo domicílio não está vinculado ao princípio fundamental da nossa Carta Magna, à dignidade humana. Residências simples, conhecidas como "barracos", apresentam as mesmas garantias que os casarões dos mais bens afortunados. O policial como garantidor da justiça e da legalidade deve ser o primeiro a proteger os direitos dos mais necessitados.

Equipes em patrulhamento em conhecida comunidade carioca, cortada pela linha férrea, sofrem ataques e traficantes que se escondiam na mesma linha férrea, iniciando uma perseguição, sem encontrar de imediato os agressores. Durante as buscas, policiais passam a entrar nos barracos montados à beira da linha do trem, usados por usuários de crack da região. Em um destes barracos, foi encontrado um indivíduo escondido e próximo a ele um fuzil ainda quente, provavelmente resultado dos inúmeros disparos realizados contra a equipe, sendo imediatamente preso em flagrante.

O argumento defensivo em sede processual, além do corriqueiro fuzil sem dono, era de que a busca domiciliar foi ilegal, visto que não foi respeitada a intimidade dos moradores, equiparando os barracos formados por lona, pedaços de madeira e papelão a domicílios. Em muitos casos, pessoas vivem abaixo da linha da miséria, sem o mínimo, sendo este um fator de influência indireto na criminalidade, entretanto no caso concreto, os barracos não eram usados como residência, mas apenas para consumo e venda de drogas, sendo provado por uma filmagem particular realizada por um integrante da equipe policial. O traficante ficou preso, o argumento da acusação sobrepujou, não pela investigação ou pela sustentação do ministério público, mas, sim, pela produção de elementos de informação realizada pelo policial da ponta, operando o direito no terreno.

Ao usar os termos prender e apreender, as alíneas "a", "b", "c" "d" e "f" citam na prática a condição de estado de flagrância, prevista em nossa Constituição Federal. O flagrante que estudaremos mais detalhadamente em tópico específico necessita de intervenção imediata, visto que o bem jurídico não está sob ameaça, e sim sob lesão real, necessitando de atuação de terceiros, normalmente policiais. Se está acontecendo um crime no interior de um domicílio e o policial tem essa certeza, o direito à intimidade para os policiais deverá ser rompido, visto que este não tem a faculdade, mas, sim, a obrigatoriedade de agir, desde que tenham os meios para prender quem esteja em flagrante delito.

A situação flagrancial não de difícil observação na prática, detalharemos o tema, bem como as suas modalidades em tópico específico, entretanto, algumas observações e exemplos práticos cabem nesse momento do estudo. É fundamental que os policiais entendam que os fatos criminais e suas repercussões legais possuem linha temporal inflexível, devendo este ser anterior à busca pessoal sob pena de invalidação das provas e possível responsabilização dos policiais, por abuso de autoridade, dependendo do caso concreto. Com um exemplo prático, entenderemos melhor o raciocínio.

Policiais, durante patrulhamento, sabendo que a região é de grande atuação do tráfico de drogas, observam a porta de um barraco aberta, decidem entrar no domicílio, encontrando indivíduo dormindo ao lado de um fuzil. Flagrante, mais um preso pelo grave crime de porte ilegal de arma de fogo de uso restrito, prevista no artigo 16 da Lei 10.826/2003, conduta esta agravada pela Lei 13.497/2017, equiparando tal conduta a crime hediondo.

Ao chegar à delegacia de polícia a pergunta da autoridade policial foi bem simples juridicamente: "Quais foram as fundadas razões para entrar no domicílio?". Tratava-se de um desastre natural, não, tinha ordem judicial, não, teve autorização do morador, também não, entretanto havia um flagrante, foi a resposta dos policiais operacionais?! O flagrante foi resultado de uma ilegalidade, não havia fundada razão para a entrada na residência, sendo a prisão posterior à violação do domicílio injustificada, por conta da teoria dos frutos da árvore envenenada, todas as provas ilegais devem ser desentranhadas do processo.

No exemplo citado, o fuzil apreendido, se juridicamente tal armamento não pode ser usado como prova, não há prova, se não há prova não há crime, se não há crime, não há preso, em suma, mas um perigoso traficante solto nas ruas. Por mais que pareça absurda a decisão judicial e principalmente seus efeitos, um criminoso de alta periculosidade solto por formalismo processual, o caminho é sempre atuar dentro dos preceitos legais e da jurisprudência, e as discussões passam pela produção de conhecimento.

Outro ponto polêmico relacionado ao flagrante está na hipótese de fuga por parte de um indivíduo ao avistar uma equipe policial. A jurisprudência majoritária afirma categoricamente que o fato de fugir da polícia por si só não justifica a violação do domicílio por parte dos agentes públicos. Concordamos em um ponto, fugir da polícia não significa obrigatoriamente tratar-se de um criminoso. Por mais que essa atitude seja suspeita, muitos indivíduos o fazem por medo dos policiais ou dos confrontos que podem ocorrer com a sua chegada, contrariando o dito popular de que quem não deve não teme.

Muitas decisões judiciais possuem impacto direto na segurança pública. No exemplo, qualquer traficante sabendo que a fuga da polícia e a entrada em seu domicílio se transformam em uma espécie de salvo-conduto, em pouco tempo, teremos um aumento considerável nesse tipo de conduta, dificultando mais ainda as ações policiais operacionais. Ao entrar à casa, a única condição permissiva de entrada seria uma ordem judicial, por mais que exista contato entre a polícia e o judiciário, o tempo de comunicação e solicitação da ordem de busca é suficiente para o sumiço de todas as provas e o aumento da resistência contra as forças policiais.

A mencionada restrição legal só vale para a casa do indivíduo em fuga, ou de qualquer pessoa que permita sua entrada. É bem comum que, em localidades sob forte influência do crime, a entrada de criminosos em residências seja mais facilitada do que a da própria polícia, por medo do criminoso, desconfiança da ação policial ou até mesmo conivência com o criminoso. Caso não haja autorização do morador para a entrada do criminoso, a entrada das equipes policiais deve ser imediata, se a segurança permitir, visto que ele se encontra em flagrante do crime de violação de domicílio, devendo essa ser a conduta justificante.

Outra situação prática que acaba justificando a entrada em domicílio ainda relacionada com o exemplo do elemento em fuga é a ordem de parada não atendida, configurando o crime de desobediência, previsto no artigo 330 do Código Penal, configurando flagrante. Durante patrulhamentos, policiais observam indivíduo em fundada suspeita, determinam que ele pare e encoste na parede, para dar início à revista pessoal. Em ato contínuo, o cidadão sai em disparada correndo com os policiais em sua cola, tentando esconder-se, entra em uma residência.

Seria extremamente irresponsável a proibição da atuação policial, podendo colocar a vida do morador em risco, logo os policiais além de evitar mal maior de terceiro, devem atuar, entrando na residência, pela condição flagrante do crime de desobediência.

Decisões judiciais controversas e desconectadas da realidade não são raras, sempre na direção de restrição da atividade policial, principalmente quando tratam dos crimes relacionados à Lei de Drogas. A realidade carcerária brasileira é complexa, a grande maioria dos presos estão no cárcere por condutas relacionadas à Lei de Drogas. É óbvio que não resolveremos tal problemática, como muitos defendem, prendendo menos ou soltando mais. Os fenômenos de despenalização das drogas e do abolicionismo penal possuem reflexos, mesmo que indiretos nas decisões judiciais, obrigando o policial a uma produção cada vez mais robusta de elementos de informações, para as prisões e apreensões relacionadas aos crimes dessa importante lei especial.

O tráfico de drogas no Rio de Janeiro apresenta muitas particularidades, que nem sempre chegam ao conhecimento das cortes judiciais superiores de Brasília. Decisões controversas comprometem o entendimento dos operadores do Direito, principalmente os policiais que atuam dentro das já narradas dificuldades operacionais. Policiais em patrulhamento sentem forte cheiro de maconha em determinada edificação, entendem o fato como fundadas razões, abrem a porta e encontram aproximadamente uma tonelada da referida droga. Tal conduta operacional corriqueira está revestida de legalidade segundo as cortes superiores, contrariando a linha de raciocínio recente do tribunal (7).

Por coincidência do destino, na mesma localidade da decisão anterior, equipes do canil, com animais altamente treinados recebem sinalização técnica por parte dos cães da presença de droga em determinado domicílio. Entendendo tratar-se de flagrante delito, de fundada razão mais clara impossível, entram forçadamente na residência encontrando grande quantidade de droga. Chegado o processo nas instâncias superiores, a mesma que havia reconhecido o cheiro da droga reconhecido pelo policial como fundada razão, afastou a justificante pela mesma conduta realizada só que agora pelo cão policial, mesmo tendo este capacidade olfativa muito superior à de qualquer homem (8).

A alínea "g" do artigo estudado traz questão mais complexa nos aspectos técnicos do que jurídicos. O tipo penal traz o termo "apreender" pessoas vítimas de crimes, mas o adequado seria salvar pessoas vítimas de crimes. Por mais que o destaque midiático das ações policiais sejam os erros e a letalidade, as polícias salvam milhares de pessoas todos os dias no país. Juridicamente a atuação policial e a consequente violação do domicílio para salvar vítima de crime está baseada na situação flagrancial de um possível crime de extorsão mediante sequestro ou cárcere privado, permitindo a entrada na residência a qualquer momento.

Tecnicamente as ocorrências com reféns são as mais complexas, um erro de procedimento é capaz de levar ao questionamento de uma corporação centenária. No Rio de Janeiro, esse tipo de ocorrência é competência exclusiva do BOPE, tal prerrogativa não tem nada a ver com competência, não existe polícia melhor ou pior, todos têm seu valor e importância dentro do sistema policial. A competência está relacionada à disponibilidade de alternativas táticas, fundamentais para a resolução desse tipo de crise, tais como negociadores, atiradores de precisão e equipes táticas.

O Código de Processo Penal autoriza o uso da força nos casos de resistência do morador ou até mesmo de terceiros, especificamente em seu artigo 245 parágrafos 2° e 3°, validando a utilização das alternativas táticas, sem qualquer responsabilização criminal ou civil dos operadores, desde que não haja excessos. Por mais que a questão flagrancial relacionadas a ocorrências com reféns ou elementos armados barricados permitam atuação policial imediata, a obrigatoriedade de atuação policial seja em relação ao flagrante compulsório ou à figura do agente garantidor, deve estar ligada à possibilidade de atuação, o direito não pode cobrar heroísmo de ninguém, nem mesmo dos policiais.

Lição que não está nos livros de direito ou de atividade policial, mas que é de grande valia, é que o excesso de iniciativa também mata o combatente. Equipes de batalhão de área da polícia militar saem em perseguição a criminoso armado de fuzil, tentando se esconder dos policiais, o criminoso entra em uma residência próxima. A presença do morador pouco influenciaria juridicamente, mesmo na sua ausência haveria o crime flagrante de violação de domicílio, com a presença, a situação se agrava, podendo tornar-se um cárcere privado, taticamente uma complexa ocorrência com refém.

Os polícias dentro da legalidade, com iniciativa e coragem desmedida, entram na residência com os meios e técnicas disponíveis. O criminoso estava à espera, a única via de acesso era a porta da sala, ao escutar o barulho da entrada, realizou uma rajada na direção dos policiais, vindo a vitimar um sargento fatalmente, tiro de fuzil na cabeça, não tem escapatória. Na atividade policial, o direito e a técnica operacional são indissociáveis, um erro em qualquer desses conhecimentos humanos custará caro, o preço geralmente são os bens mais importantes de qualquer ser humano, a vida ou a liberdade, reforçando a importância do direito operacional e das técnicas policiais.

Ser policial no Brasil está cada vez mais complicado, enquanto as restrições da atividade policial aumentam, a impunidade evolui numa velocidade absurdamente superior. Desconhecimento técnico, ideologias impregnando muitos julgados, pré-conceitos quanto à atividade policial, ignorância pelos demais operadores do direito, sobre a realidade policial, são fatores que explicam um pouco da realidade encontrada no campo da justiça e segurança pública nacional.

Art. 241. Quando a própria autoridade policial ou judiciária não a realizar pessoalmente, a busca domiciliar deverá ser precedida da expedição de mandado.

O nosso Código de Processo Penal é de 1941, apesar de muitas modificações recentes, a maioria dos seus dispositivos são pretéritos à Constituição Federal, sendo necessária a denominada filtragem constitucional, validando ou não seus artigos. O artigo 241 é um bom exemplo de inadequação com a Constituição Federal, perdendo assim sua validade. Nossa constituinte decidiu que, afastado o estado de flagrância, catástrofes e a autorização do morador, a violação da intimidade pela busca domiciliar deveria ter obrigatoriamente uma decisão judicial fundamentada.

Logo as autoridades policiais não podem realizar tais diligências sem a devida autorização de um juiz. A possibilidade de o próprio juiz realizar a diligência é controversa, entendemos que apesar de na prática não ocorrer, dificilmente um juiz sairia de seu gabinete assoberbado de suas atribuições burocráticas para realizar buscas em campo. Além da quebra da imparcialidade, visto que o juiz deve ser inerte e se manter equidistante das partes.

A atuação direta do juiz pode ser entendida como uma violação de prerrogativa das autoridades policiais e do ministério público. Acreditamos que, para o sistema jurídico policial funcionar com efetividade, atribuições e competências devem ser bem definidas e rigorosamente respeitadas. Nossa Constituição sem sombra de dúvidas trouxe avanços jurídicos de extrema importância, principalmente no tocante aos direitos fundamentais. De fato, a restrição do cumprimento de buscas diretamente pela autoridade policial impacta na dinâmica operacional, visto não haver uma conexão direta entre a polícia e o judiciário, mas os constituintes entenderam que, para o momento, a ampliação dos direitos e seu garantismo, característica de nossa magna carta, fazer-se-ia necessário.

Com o avanço da criminalidade, devemos discutir o tema com mais profundidade, levando em consideração sua adequação social. O argumento de violação de direitos, que ocorre pelos maus profissionais, nas fileiras das instituições policiais, não deve ser o único argumento pautado nessa importante discussão jurídico-policial. Aumentam-se a autonomia e as ferramentas jurídicas da polícia para o combate ao crime, ou o dinamismo no fluxo de informações dentro do sistema jurídico policial, ou continuaremos perdendo a batalha para a criminalidade.

Art. 243. O mandado de busca deverá:
I – indicar, o mais precisamente possível, a casa em que será realizada a diligência e o nome do respectivo proprietário ou

morador; ou, no caso de busca pessoal, o nome da pessoa que terá de sofrê-la ou os sinais que a identifiquem;

Normalmente cabe à polícia judiciária, como o próprio nome já deixa claro, a função de auxiliar o poder judiciário, cumprindo os denominados mandados de busca, mas nada impede que a polícia ostensiva colabore com a atividade, principalmente nas áreas de alto risco e em operações de grande demanda. O dispositivo legal determina a necessidade de precisa referência na ordem judicial, o que nem sempre é possível na prática.

As comunidades carentes brasileiras, de regra abandonadas pelo poder público, muitas vezes sequestradas pela criminalidade, são um exemplo claro da desordem urbana, que tanto impactam nas questões criminais. Ruas sem nomes, becos sem referências e casas sem número deixam o território em constante movimento. Com o passar do tempo, onde era uma praça, meses depois é tomado por barracos, ruas são fechadas por estabelecimentos comerciais, becos e vielas simplesmente desaparecem pela ampliação de construções irregulares. Cumprir qualquer mandado de busca nessas regiões torna-se uma verdadeira missão impossível.

Prática polêmica já adotada no Rio de Janeiro e imediatamente suspensa, o criticado mandado de busca coletivo, mitigaria tal problemática, ampliando a atuação policial e a possibilidade de êxito. A questão mais uma vez perpassa pelo estado de necessidade, o material apreendido ou o indivíduo preso e seu impacto na segurança pública, garantia constitucional, compensaria a violação de um número elevado de domicílios. Acreditamos que apesar da efetividade de uma possível ação baseada em evidências, tal medida deverá ter caráter excepcionalíssimo, avaliando o caso concreto e seus desdobramentos jurídicos e na segurança pública, reforçando as instâncias de controle policial, evitando abusos e violações desnecessárias a direitos.

Generalizações são contraproducentes e pouco inteligentes, em determinadas comunidades carentes vivem mais pessoas do que cidades inteiras, apesar da intensa atividade criminal e dos grandes números de simpatizantes e beneficiários diretos e indiretos do crime, a grande massa é trabalhadora, ordeira e cumpridora de suas obrigações. O papel do estado, representado pelos órgãos do sistema criminal, é proporcionar um estado democrático de direito e não restringir direitos fundamentais sem a devida justificativa.

Na maioria dos casos, ser vizinho de traficantes de drogas ou de roubadores não é uma opção, mas, sim, necessidade. Acusar de conivência todos os moradores dessas regiões é uma visão muito superficial do problema, será que todos nós no lugar dessas pessoas faríamos diferente, denunciando todos os criminosos à polícia, sem qualquer garantia, colocar a família em risco, para ajudar o estado no combate ao crime compensaria, quem teria tal coragem?! Tal questão reforça a necessidade aos policiais do tratamento devido a cada pessoa dentro e fora das comunidades, ao criminoso e a seus simpatizantes e coniventes, o rigor da lei e aos moradores a prestação do melhor serviço.

Como operador, entendemos que os fatores ambientais são fundamentais para o direcionamento técnico da atividade policial-operacional. Como ser solícito, educado e prestativo em um ambiente que posso ser atacado com armas de guerra a qualquer momento e que em algum momento da minha carreira derramei ou vi algum companheiro derramar sangue, suor e lágrima naquele solo?! Somente com o treinamento que o policial conseguirá distinguir os dois e prestar o tipo de serviço adequado para cada um deles, guerra e paz. Por mais que o direito processual penal comum não faça a distinção dos momentos, caberá ao profissional a adequação de suas condutas técnicas e jurídicas.

O tipo penal estudado menciona a possibilidade de busca pessoal sob mandado judicial, causando confusão com o dispositivo já trabalhado nesta obra, que positiva categoricamente que a busca pessoal independe de mandado. A diferenciação nesse caso se dá em relação ao local da busca, se realizada em via pública, a fundamentação é baseada na já debatida fundada suspeita, enquanto se exercida no interior de um domicílio, sem a referida justificante, existirá a necessidade de uma ordem judicial, justificada e direcionada à determinada pessoa.

Em termos práticos, é impossível realizar uma busca domiciliar sem revistar minimamente os indivíduos que estão dentro da casa, a inobservância de tal medida, comprometeria gravemente a segurança das equipes. A busca por pessoa sempre precede às buscas domiciliares e veiculares, só poderemos focar nas buscas ambientais após a certeza de ausência de riscos oriundo das pessoas nela existentes. Equipe realiza mandado de busca em determinada residência, relacionada ao crime de pedofilia, ao encontrarem a materialidade e tentarem realizar a prisão do autor, este saca uma arma de fogo e comete suicídio. Por descuido ou preocupação de estrito cumprimento legal, os policiais se colocaram em grave risco, o tiro foi na própria cabeça, mas poderia ocorrer na direção das equipes, leis e decisões judiciais que comprometem a segurança das forças de segurança jamais devem ser cumpridas, devendo esse descumprimento ser devidamente justificado posteriormente.

Nesse aspecto existe mais uma controvérsia entre a lei e a prática operacional, o ordenamento jurídico deixa claro que as buscas pessoais devem estar direcionadas a pessoas específicas, previamente identificadas no mandado. Em outro caso concreto, equipe policial opera em auxílio ao ministério público, objetivando prender traficantes de armas e drogas no interior de comunidade carente. Alvos identificados, o domicílio em questão não havia numeração e era localizado em um beco vulgarmente conhecido como "Beco da lacraia". O cumprimento da exigência legal se deu pelas características da casa, cor, tipo de estrutura dentre outras características, todas colhidas em prévia ação de inteligência, sendo possível a expedição de mandado.

Chegando ao local após inúmeros confrontos, todos acompanhados *in loco* pelo ministério público, fator extremamente positivo, para que os fiscais externos da atividade policial conheçam a realidade, ocorre o cerco e a posterior entrada na casa. Os alvos não resistiram, logo se entregando frente à demonstração de força das equipes policiais, normalmente é efetivo demonstrar força, para não precisar usá-la, esse caso foi um bom exemplo dessa importante máxima operacional.

Além dos alvos descritos no mandado, havia mais três homens dentro da casa, apesar da ordem judicial não mencionar tais pessoas, todos foram revistados. Não houve qualquer ilegalidade no ato, seja pelo estado de necessidade, visto que a vida dos policiais estava em risco naquele momento, ou mesmo pela fundada suspeita, configurada pelo fato de estarem juntos com foragidos da justiça, em um ambiente de grande atuação criminal, comportando-se de maneira inquieta, tentando se esconder com a chegada da polícia. Mesmo com a presença do ministério público, toda as ações foram devidamente autuadas, evitando efeitos de contestação da defesa em juízo e a invalidação de provas, dando início a denominada cadeia de custódia.

§ 1º Se houver ordem de prisão, constará do próprio texto do mandado de busca.

Questão extremamente relevante na atividade operacional e discutida constantemente nos tribunais superiores é a abrangência do mandado de busca e a diferenciação deste com o mandado de prisão. Por mais que a lei defina que os dois deverão constar no mesmo texto, é comum haver somente um mandado de prisão, sendo este de regra difundido para todas as equipes policiais e não direcionado como o mandado de busca por exemplo.

Os mandados de busca são direcionados e pontuais, o juiz determina a ação para determinado processo e a autoridade policial ou membro ministério público específico, solicitando este apoio de força policial, dentro ou fora das corporações. Diferentemente, os mandados de prisão, quando não são cumpridos imediatamente, entram para um banco de dados, demonstrando que determinado indivíduo possui pendências judiciais, podendo ser preso em qualquer lugar ou a qualquer momento, surgindo aí um dos fatores de importância das denominadas buscas pessoais preventivas.

A discussão central do tema é quando do cumprimento de um mandado de prisão específico e o alvo está em sua residência, poderá, além da prisão, realizar ou não a busca domiciliar. As decisões vão na direção já conhecida de restrição da atividade policial, que nesse ponto concordamos. Se a ordem judicial for restritiva à prisão, já existem elementos suficientes para tal medida, não havendo necessidade de realização de buscas domiciliares, caso exista tal necessidade, basta solicitar ao juízo, as duas medidas concomitantemente.

Equipe cumprindo ordem de prisão de pedófilo, investigado há cerca de 6 meses pelo ministério público, não encontram muita dificuldade de identificação da residência ou de resistência do alvo. Durante os procedimentos jurídicos operacionais da prisão, parte da equipe decide realizar uma busca domiciliar, encontrando uma arma de uso restrito em uma das gavetas no quarto do preso, fazendo a apreensão, dando em seguida a voz de prisão em flagrante delito pelo crime de porte ilegal de armas (9). Em sede judicial, foi contestado pela defesa se a ordem judicial era ampla e irrestrita o que a lei veda, se além da ordem de prisão, havia ordem de busca domiciliar.

Por haver somente a ordem de prisão, esta permitindo a entrada na residência, visto que o alvo nunca fraquearia a entrada em sua residência para ser preso, as provas do crime da Lei de Armas foram consideradas ilegais, afastando a responsabilização inerentes. Resumidamente, mandado de busca é diferente de mandado de prisão, este por si só não autoriza a busca domiciliar e as provas colhidas em uma exitosa operacionalmente revista serão consideradas ilegais, comprometendo todo o processo e a consequente prisão. Normalmente a lei não permite interpretações extensivas para prejudicar autores de crimes, principalmente para os operadores primários do direito, o argumento teórico é que o estado tem supremacia de força e meios perante o particular, o que é um fato.

Art. 245. As buscas domiciliares serão executadas de dia, salvo se o morador consentir que se realizem à noite, e, antes de penetrarem na casa, os executores mostrarão e lerão o mandado ao morador, ou a quem o represente, intimando-o, em seguida, a abrir a porta.

Nos casos de cumprimento de ordens judiciais de buscas, estas deverão ser cumpridas durante o dia. Nosso ordenamento jurídico fornece maior proteção à intimidade domiciliar durante o período noturno, como por exemplo na qualificadora do crime de furto qualificado, previsto no artigo 155, parágrafo primeiro, do CP. A doutrina diverge sob qual critério define melhor a condição de dia e noite. O cronológico varia das 06 horas da manhã até as 18 horas da noite e o critério físico varia entre o nascer e o pôr do sol.

Como em muitas outras dúvidas existentes na atividade policial operacional, neste caso, o bom senso sempre será um ótimo conselheiro. Se o ordenamento jurídico protege a intimidade e o critério físico pode variar de lugar para lugar, ou entre diferentes épocas do ano, alterando o critério cronológico, a solução para divergências é simples, se temos ainda a luz do dia, posso cumprir o mandado, pela ausência de violação do bem jurídico tutelado. A nova Lei de Abuso de Autoridade ampliou esse limite temporal, permitindo o cumprimento de mandado até as 22 horas, apesar de entendermos que a medida melhora a atividade policial operacional, discordamos do meio legislativo adotado, ao contrariar a Constituição Federal, contraria a legalidade, devendo ser afastado imediatamente do ordenamento jurídico e consequentemente da prática operacional.

O artigo analisado menciona ponto importante da atividade de busca domiciliar a autorização do morador. Condição positivada em nossa Constituição Federal, possui grande aplicabilidade prática, com efeitos polêmicos e controversos no cotidiano operacional, muitos chegando aos tribunais superiores. Que criminoso sabendo da existência de flagrante em sua residência, autorizaria a entrada da polícia, sabendo que tal conduta poderia comprometer a sua liberdade.

O dito popular "quem não deve não teme" deve ser analisado com maior profundidade. A informação de que toda pessoa que não tem nada ilegal em sua residência não dificultaria a entrada da polícia não pode ser entendida como uma máxima absoluta. A falta de credibilidade das instituições policiais e a conduta criminosa de maus profissionais, transvertidos de policiais, trazem medo e perigo à população, gerando inseguranças jurídicas e resistências fundamentadas à atividade policial. Durante reuniões comunitárias, era comum escutar reclamações de moradores, alegando despreparo e abusos durante às busca domiciliares, ou mudamos nossa relação com a população, nossos clientes, ou continuaremos sofrendo com as resistências à atividade operacional em diferentes níveis sociais.

Em decisão recente, o STJ decidiu que compete ao estado provar que a autorização do morador à entrada domiciliar não teve qualquer tipo de vício (10). A análise da questionada decisão judicial deve ser imparcial, entendendo o ambiente operacional onde terá os seus efeitos e reflexos imediatamente. Se por um lado há uma grande corrente decisória de restrição da atividade policial, por diversas vezes aqui mencionadas, impactando diretamente na segurança pública, fomentando mesmo que indiretamente à criminalidade, de outro, temos maus policiais que atuam à margem da lei, cometendo diversos abusos, fundamentando suas prisões com base em flagrante forjados.

A proteção do importante direito à intimidade não pode ser representado por uma espécie de salvo-conduto para o cometimento de crimes no interior de uma residência. Por outro lado, o fato de uma região ter influência do crime não significa que haverá livre acesso das equipes policiais nos domicílios dos moradores, desrespeitando direito fundamental. A melhor maneira de romper o fenômeno de presunção de culpabilidade, direcionada à polícia, é o estado criar meios de provas eficazes e de proteção a seus agentes, tais como o uso de câmera corporais e requerimentos administrativos, autuando a autorização da entrada por parte do morador.

Se o meio lícito de prova do consentimento cabe ao estado, um simples termo de consentimento assinado pelo morador resolve o problema. Na teoria, fica tudo mais fácil, nem sempre o morador por medo, receio ou ameava de criminosos locais assinará de bom grado tal documento. Colaborar com a polícia em determinadas localidades pode representar uma verdadeira sentença de morte, nem sempre essa informação chega às cortes judiciais do Brasil.

Equipes iniciam vasculhamento em um beco, após intensa troca de tiros com traficantes locais. Por estarem cercados, era bem possível ter se escondido naquela localidade. Em determinado domicílio, policiais observam marca de pés no muro, sugerindo que alguém havia pulado ali há pouco tempo. Após insistirem no chamamento do morador, ele aparece nervoso na janela da casa, autorizando a entrada das equipes, sendo tal permissão devidamente registrada por câmeras corporais, usadas pelos policiais. Durante breve revista, policiais escutam um forte barulho no telhado da residência, dirigem-se ao local e observam um indivíduo pulando as lajes vizinhas, sumindo na imensidão da comunidade.

Chamou a atenção das equipes que o fugitivo estava desarmado, se não havia qualquer flagrante, porque fugiria com tanta pressa. Intensificando o vasculhamento foi encontrado um fuzil escondido dentro de uma caixa de água. A dinâmica foi: o traficante fugiu, entrou na casa do morador, que era de fato mais uma vítima de suas ações, e para fugir mais leve, abandonou seu armamento. Armamento apreendido e ocorrência finalizada, dentro da legalidade, policiais seguros ao contrário do morador, que foi acusado de ajudar os policiais, sendo sumariamente julgado e executados pelos criminosos locais. Nesse tipo de ambiente, a Constituição com seus importantes princípios, o processo penal e seus regramentos e as decisões judiciais com suas belas citações internacionais nem sempre chegam, em muitos momentos e locais da nossa sociedade, a universalidade do direito é uma falácia.

O importante instituto da fé pública está cada vez mais enfraquecido, a palavra do policial não possui mais superioridade do que a de qualquer cidadão. Recente decisão do STJ (11) afirmou categoricamente que policiais mentem para realizar prisões, logo as condenações não podem ser fundamentadas exclusivamente na palavra do policial. Se tratarmos tal entendimento como regra, como ficariam os inúmeros crimes onde somente há policiais como testemunha, seja pela dinâmica, ou pelo temor de testemunhar contra criminosos violentos. Maus policiais mentem, sim, mas generalizar tal conduta é no mínimo uma irresponsabilidade, no direito penal o ônus da prova cabe a quem acusa, será que ao afirmar que todo ministro é conivente com o crime seríamos justos, acredito que não?! Então, evitemos generalizações.

Acabamos de reafirmar que existem maus policiais, mas tratar a exceção como regra é um risco que a Corte Suprema jamais pode correr. Para acusar alguém de falso testemunho, necessita-se de provas, como já afirmado, no direito penal o ônus da prova cabe a quem acusa, generalizações não podem ser argumentos jurídicos em nenhuma hipótese. Mas essa é uma realidade exposta, a *policiafobia* e a presunção de culpabilidade em relação aos policiais chegou ao poder judiciário, devemos estar preparados.

Equipes policiais com base em dados de inteligência, chegam a uma residência que seria um esconderijo de armas e munições do tráfico local. Chamam o morador e, por estarem sem mandado judicial, solicitam a entrada, sendo atendidos prontamente e de forma cordial pelos moradores, um casal de meia idade. Os dados eram robustos, batiam com todas as informações, mas após minucioso vasculhamento nada foi encontrado. Só restava uma alternativa, acionar os cães policiais. Rapidamente os animais encontram grande quantidade de armas e drogas, em um fundo falso na parede.

Imediatamente o casal foi preso em flagrante e conduzido até a delegacia para a apresentação da notícia-crime. Já na fase processual, a defesa insistia nas perguntas aos policiais, quais foram as fundadas razões para ingresso no domicílio? Se havia mandado de busca ou flagrante delito pretérito, já que os presos, como de costume, haviam alterado as versões dos fatos, afirmando em depoimento que não haviam autorizado a entrada da polícia. Era a palavra dos policiais contra a dos presos, por incrível que possa parecer, as alegações de criminosos, em muitos casos, têm maior valor probatório do que a de servidores públicos no exercício de suas atividades.

Com base na recente decisão e a obrigatoriedade de comprovação por parte do estado, nesse caso os policiais, da ausência de vício na autorização de entrada, a defesa tentava anular todas as provas. Todo o armamento e drogas apreendidas e a consequente prisão poderiam ser desconfigurada, na prática significaria colocar perigosos traficantes de armas e de drogas nas ruas novamente. A discussão não era em torno da matéria do fato em si, mas, sim, nos aspectos formais do processo, policiais se preocupam muito mais com o fato do que com a forma e isso gera nulidades, jogando por terra excelentes resultados operacionais. Por isso, é urgente a necessidade de mudança da postura policial e o direito operacional é uma alternativa.

Quando o argumento defensivo estava prestes a prosperar, um dos policiais apresenta uma prova cabal. Mesmo sem a implementação total da utilização de câmeras corporais de forma institucional, determinado policial precavido que usava câmera particular na referida operação, havia filmado a autorização expressa do casal para a entrada na residência. O material estava tão bem escondido, que os criminosos acharam que jamais seriam encontrados, pelos policiais talvez, mas os traficantes não contavam com a capacidade dos cães. A produção dos elementos de informação que virarão provas dentro do processo começa com o homem da ponta, aquele que está puxando a patrulha, tomamos essa consciência o mais rápido possível, ou continuaremos tomando tiro à toa. Prendendo e a justiça soltando, sendo rotulados como mentirosos, infelizmente a realidade é essa. Na dúvida, o policial está mentindo, devemos criar meios de produção efetiva de elementos de informação, na guerra ideológica é necessário provar que estamos falando a verdade.

Art. 248. Em casa habitada, a busca será feita de modo que não moleste os moradores mais do que o indispensável para o êxito da diligência.

O óbvio tem de ser dito, aprendemos essa frase durante a formação policial, mas muitos policiais não aprendem, tem a dificuldade de entender que atividade policial é uma prestação de serviço. Durante o período das ocupações nas comunidades cariocas pelas UPP (Unidades de Polícia Pacificadora), duas situações chamaram a atenção: A primeira, durante reunião comunitária, um morador de idade e origem bem humilde, pede a palavra, dizendo que por ele não haveria problema a polícia revistar sua casa, quantas vezes quisesse, mas que não bagunçasse, visto que trabalhava o dia todo, e quando voltava quase de madrugada, a casa estava toda revirada, tendo de passar horas arrumando.

Outro fato curioso eram bilhetes colados nos portões das casas, informando que o policial poderia ficar à vontade, que a chave da casa estava no vizinho, era só pegar e revistar a residência, mas que não fizesse bagunça e trancasse a residência ao sair. Os fatos citados não eram invenções ou tentativa de descredibilizar a ação policial, mas representavam dois fatores importantes nessa relação polícia e sociedade: o cometimento de abusos por parte de alguns policiais e o apoio de grande parte da população à atuação policial, mesmo em áreas sob forte influência do crime.

Existe um distanciamento claro das normas jurídicas positivadas e as relações interpessoais, criando uma espécie de convivências subliminares. Na prática, não existe a possibilidade de buscas domiciliares sem a participação do morador, excepcionalmente o Código de Processo Penal no § 4º, do artigo 245, determina que, na ausência do morador, poderá haver a convocação de uma testemunha, normalmente vizinhos, para acompanhar as buscas. Por mais que a norma seja devassada em alguns aspectos, ela é sábia, e o policial que agir dentro da legalidade sempre estará protegido, mas é importante reforçar, atividade policial é muito mais ampla do que a aplicação do direito, polícia é servir e proteger, e os moradores, independente de local ou classe social, são usuários desse importante serviço. Não será violando direitos que conseguiremos o apoio e a participação popular na segurança pública.

Policiais ocupando comunidades observam casa aberta, pensando se tratar de possível ponto de venda de droga ou esconderijo de traficantes entram na residência. Sem qualquer condição permissiva, fazem a revista e não encontram nada de ilícito, saem deixando tudo da forma que encontraram. Criminosos transvertidos de moradores, mal-intencionados, ao perceberem a ação policial entram posteriormente na casa, furtando inúmeros bens de valor. O morador, ao chegar em casa após um duro dia de trabalho, dá falta de seus pertences, indo buscar informações e de pronto é informado que policiais haviam entrado em sua casa horas antes.

As operações haviam tomado grandes proporções, toda a imprensa da cidade estava na comunidade e o morador correu para reaver seus pertences, mas com as pessoas erradas. A mídia que cobria as ocorrências policiais mudou o foco, agora o problema principal não era a enorme quantidade de drogas e armas apreendidas, mas, sim, a acusação infundada de furto contra os polícias. A pressão começa, equipes são ouvidas, viaturas e equipamentos revistados, policiais expostos e investigados, transferidos de suas unidades, como de costume a investigação não cumpre seu objetivo. A combinação da *policiafobia* fomentada por parte da mídia e a impunidade prevalecem, mesmo que se chegue à verdade dos fatos, danos pessoais e institucionais irreparáveis já foram realizados.

Esse é um bom exemplo de erro técnico, os policiais, em tela, não tinham qualquer interesse escuso, a intensão deles era simplesmente encontrar criminosos ou qualquer outro ilícito. Que fique a lição, excesso de iniciativa e vontade também mata o combatente, nesse caso, prende, transfere e expõe policiais que só queriam cumprir sua missão da melhor forma possível. Não é incomum em comunidades carentes, encontrarmos residências abertas, por diversos motivos, até mesmos ilícitos, entretanto o policial deve atuar sempre dentro dos parâmetros legais, levando em consideração o fenômeno nefasto da presunção de culpabilidade, na dúvida o policial errou, prudência não serve só para ações de combate, mas para todos os atos da atividade operacional.

Assunto da moda na doutrina é o denominado "fishing expedition" ou pescaria probatória. O termo significa basicamente a busca e a consequente coleta de provas sem a devida fundamentação legal, no caso das buscas domiciliares, ausência de fundadas razões. É importante reforçar que a denominada persecução criminal, que se inicia normalmente nas prisões e nas consequentes apreensões, passando por investigações chegando finalmente ao julgamento, nada mais é do que um conjunto de atos sequenciados, conectados técnica e juridicamente, que qualquer ilegalidade, independente da fase, contaminará todas as ações subsequentes.

Em termos práticos, de nada adianta realizar uma prisão em flagrante, grande apreensão de drogas e armas dentro de uma residência, se não havia fundadas razões para tal entrada, se os policiais incursionam na casa ilegalmente e esbarraram na ocorrência, juridicamente as provas são inválidas. Durante patrulhamentos, policiais observam porta de casa aberta, entram e encontram indivíduos sentados assistindo a futebol com seus fuzis encostados na parede, excelente ocorrência, parabéns, presos de alta periculosidade e armas de guerra apreendidas sem a utilização da força.

A pergunta da defesa e do ministério público em fase judicial é simples: "o que fez a equipe policial ao entrar especificamente naquela casa?". Os policiais sem o devido conhecimento jurídico afirmam que, por ser uma área de alto risco, estariam revistando todas as casas e aquela, por estar aberta, foi alvo de uma busca, encontrando o ilícito. Analisando o exemplo, percebemos que o flagrante delito foi posterior à ação operacional de entrada injustificada legalmente, logo contaminada pela ilegalidade. No direito, os fins não justificam os meios, pouco importa o resultado da ocorrência e a periculosidade do preso. Se a prova é ilegal, não tem prova, se não tem prova, não tem preso, traficantes soltos, fuzis apreendidos, só não poderiam devolver as armas para os "donos", ainda não chegamos nesse nível, mas quem sabe um dia.

Durante a midiática operação de retomada do Complexo do Alemão no ano de 2010, com a chegada da polícia, criminosos batiam em retirada, deixando para trás todos os tipos de ilícitos. Tal operação que parou o país foi fruto de uma restrição administrativa da atividade policial, o que nunca deu nem dará certo e os resultados para a segurança pública são difíceis de serem revertidos, em muitos casos ruim com a polícia, seria muito pior sem ela. Os criminosos à vontade criaram verdadeiros condomínios de traficantes, área de influência direta do crime, em plena capital fluminense.

Chegando ao cume do complexo de favelas, após passar por todo tipo de barricadas, com o importante apoio de blindados da Marinha do Brasil, equipes do Bope passam a revistar todas as residências abandonadas na localidade. Pesca probatória, violação de domicílio, abuso de autoridade, negativo, a ação não teve qualquer violação de intimidade, bem jurídico tutelado pela legislação penal comum e extravagante, na maioria das casas, foram encontradas armas e drogas. Os moradores originais haviam sido expulsos pelos traficantes, no caso concreto, nossas leis de paz não se aplicavam ao ambiente de guerra irregular que os policiais e moradores estavam inseridos, deixando claro não só a defasagem legal, mas de entendimento e interpretação de nossas normas jurídicas, de fato nossas leis e julgados, revestidos de burocracia, não acompanham nem de longe a velocidade dos fatos sociais, principalmente quando falamos de crime.

CAPÍTULO 7

MODALIDADES DE PRISÕES

Art. 283. Ninguém poderá ser preso senão em flagrante delito ou por ordem escrita e fundamentada da autoridade judiciária competente, em decorrência de prisão cautelar ou em virtude de condenação criminal transitada em julgado.
§ 2º A prisão poderá ser efetuada em qualquer dia e a qualquer hora, respeitadas as restrições relativas à inviolabilidade do domicílio.

A restrição da liberdade é uma espécie de punição que resiste ao longo da história. Apesar das críticas sob os argumentos de despenalização, direito penal mínimo e desencarceramento, a sociedade ainda não criou punição mais efetiva e com capacidade plena de isolar o autor do crime não só da vítima, mas também do convívio social, principalmente nos casos de crimes graves. Nosso ordenamento jurídico, seguindo preceito constitucional, prevê três modalidades de restrição da liberdade: 1) as oriundas de decisão judicial, definitivas ou cautelares; 2) prisões em flagrante; e 3) as relacionadas às infrações disciplinares militares, sendo estas vinculadas geralmente as questões de hierarquia e disciplina, pilares das instituições castrenses.

A função da polícia ostensiva é muito mais do que a realização de prisões, o policiamento ostensivo e a preservação da ordem pública têm como função central a atuação preventiva, evitando que os crimes aconteçam, objetivando sempre a estabilidade social. A realização de prisões, geralmente, são considerados atos repressivos, visto que acontecem após o cometimento do ato ilícito. Discordamos desse entendimento, visto que, ao realizar restrição de liberdade, seja em flagrante ou por ordem judicial, há um efeito prevento repressivo, inibindo não só possíveis reincidências do preso, mas de criminosos em potencial, diminuindo a sensação de impunidade e segurança da vítima e da sociedade como um todo.

A doutrina divide a prisão basicamente em três espécies: 1) Prisões extrapenais, como exemplo as prisões disciplinares, referente às transgressões militares, possuem tal definição visto que sua avaliação se dá em caráter administrativo, tendo por objetivo a preservação da hierarquia e da disciplina; 2) Prisões cautelares, precautelares ou processuais, são aquelas previstas no código de processo penal, como as prisões temporárias e em flagrante, objeto do nosso estudo. 3) E, por fim, as prisões penais, configuradas pelas penas, após decisão final do poder judiciário.

As prisões em flagrante serão detalhadas com base na análise dos artigos 301 em diante, facilitando o entendimento. Por mais que as prisões cautelares sejam determinadas por autoridades do poder judiciário, com pouca relação com as polícias operacionais, a não ser no caso de cumprimento dos seus respectivos mandados, não é incomum que policiais sejam alvo desse tipo de ordem judicial, nem sempre perfeitamente fundamentada, baseadas em muitos casos no clamor público, contrariando precedente do próprio STF (12). Em muitos casos, a simples condição de policial já é fundamentação equivocada da ordem de prisão de policiais, como tese argumentativa simplista de facilidade ao acesso às armas, criando uma espécie absurda de presunção de culpabilidade para esses profissionais.

A decisão do STF é acertada, visto que a opinião pública nem sempre está certa e em muitos casos é facilmente manipulada, sendo comum o cometimento de injustiças irreparáveis. Vivemos em uma espécie de *policiafobia*, por mais que a polícia erre, o que é comum no exercício de uma atividade extremamente complexa, o destaque para os erros é consideravelmente maior que para os acertos e as boas ações, principalmente nas publicações da grande mídia, potencializando uma espécie de cultura depreciativa às forças policiais, que só fortalecem o crime.

As primeiras e segunda instâncias estão mais vulneráveis à influência da opinião pública, por mais que um dos pilares do judiciário seja a imparcialidade, juízes e desembargadores são gente como a gente, absorvendo informações nem sempre verdadeiras e ideologicamente deturpadas, que de modo automático influenciarão intencionalmente ou não em suas decisões.

Caso de grande repercussão nacional, envolveu o desaparecimento de um morador de influente comunidade do Rio de Janeiro, é um bom exemplo. Reportagens diárias, políticos e autoridades oportunistas aproveitaram o momento para conquistar espaços políticos e colher diversos benefícios da referida ocorrência policial. Após controversa investigação, policiais como a regra atual são presos cautelarmente, tendo suas vidas expostas e a carreira policial e pessoal destruída. Após julgamentos na primeira e segunda instâncias, os policiais são condenados pelo crime, sendo responsabilizados criminal e administrativamente.

A acusação era grave, tortura seguida de morte e ocultação de cadáver. Analisando individualmente a conduta, uma das equipes tinha apenas abordado o cidadão e encaminhado o mesmo até a base policial para a verificação da identidade e antecedentes criminais, procedimento padrão realizado por força de uma operação e integração com a polícia judiciária local. Os policiais apenas conduziram o cidadão até a base e voltaram para o patrulhamento, cumprindo a missão prevista, mas devido à pressão midiática e política foram presos e condenados pela grave conduta narrada.

Após 7 anos de prisão e a apreciação de diversos recursos em diferentes instâncias do poder judiciário, os policiais que cumpriam apenas ordens foram absolvidos pelo STJ. Ao contrário do precedente da mais alta corte do poder judiciário citado, a pressão popular teve reflexo diretamente nas decisões transitórias do caso concreto. Julgar é uma atividade extremamente complexa, exigindo conhecimento e responsabilidade, impressões pessoais e opinião de terceiros devem ficar de fora da análise processual, nem tudo é o que parece e como citamos na atividade policial, o papel aceita tudo. Depois de tamanha injustiça, o que pode ser feito para reparar os anos perdidos, a imagem e principalmente o sofrimento da família, amigos e dos próprios profissionais, quem responderá por esses erros?

Como já explanado no estudo, todo direito é mitigado e, por maior que seja sua importância dentro do ordenamento jurídico, sempre será relativizado em algum momento. Até mesmo a base principiológica da nossa Constituição Federal, a igualdade, apresenta relatividade quando falamos da restrição da liberdade pela prisão em flagrante. Em diferentes leis, observamos as denominadas imunidades, instituto de grande impacto na atividade policial operacional, estando sempre no centro do debate, os argumentos que vão do privilégio à necessidade de proteção institucional de determinados servidores públicos e agentes políticos.

"Você sabe com quem está falando?", quem nunca ouviu essa frase, autoridades que, ao invés de dar o exemplo, usam de seus cargos para se beneficiar ou se imiscuir de responsabilidade administrativas ou criminais não é novidade em nossa realidade. Os casos se proliferam pelo país, não só daqueles que possuem imunidade, mas também de policiais, que, como conhecedores da lei e da dificuldade operacional, deveriam dar o exemplo e colaborar com os agentes públicos de serviço, visto que esse tem total prioridade nas abordagens.

Influenciar ou ao menos tentar, nas decisões de autoridade pública em benefício próprio ou de terceiros, cometendo advocacia administrativa ou até mesmo a popularmente conhecida carteiradas, criminalizada no artigo 33, parágrafo único, da nova lei de autoridade. Tais ações são comuns e o policial operacional deve saber lidar, sempre dentro da legalidade, protegendo-se legal e, sobretudo, politicamente. O hábito é tão comum que por vezes o autor e até mesmo um companheiro de profissão agindo naturalmente sem saber que está cometendo crime.

Durante cerco policial em ocorrência de desapropriação de bem público, defensor público da união e procurador da república tentam furar o cerco policial colocando somente suas funcionais para fora da janela da viatura, não colaborando em nada na resolução da crise, usando de suas funções para realizar vontade mais pessoais do que institucionais. O referido evento estava sob controle, acompanhado por oficial de justiça e diversas autoridades públicas de órgãos envolvidos na crise. Mas o fator diferencial era a grande presença midiática, que potencializa a participação de autoridades com a necessidade de aparecer, não se aguentando dentro do próprio ego e vaidade, materializando um personagem complexo que denominamos de autoridade popstar.

Em primeira análise, é importante destacar que, de regra, as imunidades estão relacionadas à impossibilidade de prisão em flagrante no caso de crimes inafiançáveis, não se estendendo para buscas pessoais ou outras medidas legais diversas. O Presidente da República por questões óbvias apresenta a maior imunidade, não podendo sofrer além da prisão em flagrante, prisão cautelar por força de preceito constitucional, não sendo estendida tal imunidade aos chefes dos executivos estadual e municipal, segundo entendimento do STJ. Como na prática dificilmente haverá ocorrências policiais de rua com chefes de poderes executivos, seja pela rotina ou pelo número de pessoas que exercem tais cargos, focaremos em outros tipos de imunidades.

Imunidades diplomáticas não podem ser julgadas pela justiça local, devendo os autos serem remetidos ao tribunal do país de origem, por força de acordos internacionais. Durante cerco policial em grande comunidade da zona sul carioca, veículo em fundada suspeita é abordado pelas equipes policiais. Os ocupantes do veículo se identificam como agentes diplomáticos, criando resistências para a realização de procedimento operacional padrão. Após orientação aos policiais operacionais, foi afastada a possibilidade de qualquer restrição, sendo encontrada, na mala do veículo, o líder de uma facção criminosa, que tentava fugir das operações policiais realizadas na localidade.

Após verificação junto à polícia federal, foi constatado que tratava se de documentação falsa, sendo realizada imediatamente a prisão em flagrante. No caso concreto, mesmo se tratando de agentes diplomáticos em veículos oficiais, o referido e controverso instituto da imunidade é restrito à prisão em flagrante para crimes afiançáveis, não se estendendo para buscas pessoais ou veiculares, existindo, é claro, a figura permissiva legal da fundada suspeita.

Legisladores, deputados federais, estaduais, senadores, juízes e membros do ministério público possuem as mesmas imunidades, só podendo ser presos em flagrante delito, no caso de cometimento de crimes inafiançáveis, com pena máxima não superior a 4 anos. A imunidade parlamentar está prevista na Constituição Federal, sendo interpretada como uma garantia democrática, permitindo a manutenção do mandato e a representatividade popular, criando uma espécie de blindagem contra perseguições políticas.

Juízes e promotores possuem imunidades judiciais, segundo os argumentos favoráveis a essa prerrogativa, a medida serve para proteger o cargo, devido a sua função dentro do sistema público. Ao contrário das demais imunidades, as relacionadas aos operadores do direito estão previstas nas leis de regulação da carreira, denominadas de leis orgânicas, Lei Complementar 35/1979 e Lei 8.625/1993, regulamentadoras da carreira da magistratura e do ministério público respectivamente.

Delegados, defensores e policiais militares não possuem qualquer imunidade, com a devida vênia, discordamos de leis orgânicas regulando prerrogativas, segundo nosso entendimento, faz parecer defesa de interesses institucionais, sobrepujando os interesses públicos. No caso de ocorrências envolvendo tais autoridades, os elementos de informações deverão ser encaminhados para o tribunal ou para o respectivo procurador geral de justiça. A mesma linha de raciocínio está exposta no artigo 7°, § 3°, da Lei 8.906/1994 (Estatuto dos Advogados), que busca imunidades para esses importantes profissionais, só sendo válida para os crimes afiançáveis relativos aos exercícios da advocacia.

Respeitando as opiniões contrárias, sendo esse o caminho da evolução argumentativa e sempre aberto ao debate, ouvindo os argumentos contrários, discordamos de qualquer benefício de classe. Imunidades e foro privilegiado exacerbados é uma realidade brasileira, instituições mais fortes aumentam direitos e prerrogativas, ao passo que as mais fracas perdem competências e direitos, gerando uma espécie de degladiação institucional, que atende mais a interesses corporativos do que republicanos, impactando diretamente na prestação de serviço. Se para o povo não há benefícios, mas, sim, o rigor da lei, porque determinadas autoridade devem ter tantos tratamentos diferenciados, nesse aspecto podemos parecer radicais, mas tais normatizações só aumentam as desigualdades brasileiras.

Chama a atenção que os policiais operacionais não apresentam qualquer imunidade, pelo contrário, no caso dos militares o que existe é mais um código penal, o militar, ampliando o rol de condutas incriminadoras. A efetiva justiça militar, alvo de crítica e reformas, principalmente no âmbito estadual, é ideologicamente criticada, mesmo sendo comprovadamente a mais célere e rigorosa de todas as justiças especializadas. O discurso de corporativismo não se sustenta, visto que a investigação mesmo realizada por militares passará obrigatoriamente pelo ministério público, órgão independente, além de os denominados conselhos de justiça apresentarem sempre em sua composição juízes togados.

Juízes investigam e julgam juízes, promotores investigam promotores, delegados investigam delegados, porque somente os militares não podem ser investigados e julgados por seus pares, vista ainda a particularidade dos crimes militares, qual a argumentação lógica de tal diferenciação? Podemos e devemos discutir militarismo, justiça militar, ciclo policial, todos os temas relacionados à justiça criminal e à segurança pública, entretanto qualquer discussão deve ser baseada em argumentos técnicos e não impressões pessoais e corporativas, revanchismos pessoais e históricos não podem ser a base da evolução de temas fundamentais para a prestação de serviços e a garantia de direitos fundamentais em nossa sociedade.

As imunidades, em alguns casos, podem dificultar a atuação policial, mas jamais impedirão e não podem ser representadas como um salvo-conduto para o cometimento de crimes afiançáveis, por determinadas autoridades. Observaremos em tópico específico que o flagrante possui diferentes fases e tem por objetivo resguardar a persecução criminal e a importante estabilidade social. Logo, se o policial se depara com um flagrante criminal, e a conduta colocar em risco à segurança dos agentes público ou mesmo a de terceiros, a primeira e segunda fases do flagrante deverão ser realizadas, independente do autor do fato, sendo a autoridade capturada e conduzida perante a autoridade de polícia judiciária, que dará o seguimento correto ao procedimento administrativo.

Policiais são acionadas para um acidente de trânsito, chegando ao local um dos motoristas totalmente alterado, parte na direção do outro envolvido, que possivelmente havia causado o acidente. No meio da confusão, a acompanhante do cidadão mais nervoso, que acabara de cometer um crime de dano, informa se tratar de uma autoridade com imunidade. Ao se aproximar e dar a ordem de parada, os policiais são desacatados, não restando outra opção senão usar a força e realizar a contenção e captura do autor do crime.

O fato de ter imunidade pouco importará para o procedimento operacional padrão no caso concreto, ser autoridade não dá o direito a ninguém de desacatar, agredir ou ofender quem quer que seja, muito pelo contrário, como conhecedor da lei, deve se sempre dar o exemplo. Nesse caso, a captura foi o instrumento legal e operacional para resguardar a segurança de todos, inclusive da autoridade envolvida na ocorrência, restabelecendo a ordem pública, função precípua da polícia militar. Devemos entender que a autoridade só receberá o tratamento devido depois da confirmação de sua identificação, estando armada e agressiva, recomendamos ainda que retire o armamento deste imediatamente, visto que a segurança da equipe deve estar sempre em primeiro lugar.

O ambiente operacional não é definitivamente local de discussões de teses jurídicas. O conceito de direito operacional destaca bem o fator de risco da tomada de decisão na ponta da linha. No caso concreto a autoridade foi conduzida à delegacia de polícia, chegando lá por força da lei, não foi presa em flagrante, sendo os elementos de informações colhidos, remetidos ao órgão de origem do autor. É claro que ocorrências desse tipo repercutem, podendo inclusive os policiais sofrerem retaliações administrativas, o que é extremamente nocivo para as instituições. Infelizmente ainda parece haver uma hierarquia entre os servidores públicos, o que acaba relativizando o conceito de certo e errado, fragilizando assim o estado democrático de direito, ainda precisamos evoluir como sociedade e, principalmente, com poder público, mas independente de qualquer coisa, cumpra a lei sem esperar o reconhecimento dos homens.

Por fim, observação necessária está relacionada às ocorrências envolvendo menores de idade. Triste realidade nacional e o principal motivo de estarmos perdendo a guerra contra a criminalidade é a entrada cada vez mais crescente e cedo de crianças e adolescentes para o crime. Menores de idade não possuem qualquer imunidade, mas recebem tratamento jurídico diferenciado, não cometendo crimes, e sim ato infracional, mera formalidade jurídica que não vem transformando essa grave mácula social. As crianças, pessoas com até doze anos incompletos, independente da conduta, não podem sofrer qualquer tipo de restrição de liberdade, devendo ser encaminhada aos conselhos tutelares da região.

Os adolescentes, menores de 18 anos, já sofrem medidas restritivas de liberdade em casos graves, denominadas de internação. Em caso de flagrante, o adolescente deverá ser apreendido e encaminhado à delegacia de menores, se houver, ficando separado dos maiores de idade em caso de concurso de pessoas. Chama a atenção que o Estatuto da Criança e do Adolescente (ECA) (Lei 8.069/1990) veda a condução de menores de idade em compartimentos isolados como caçambas de viaturas, como regulamenta o artigo 178, tais observações são fundamentais para os polícias operacionais, não só pela terminologia, mas para evitar responsabilizações penais e administrativas.

CAPÍTULO 8

USO DA FORÇA

Art. 284. Não será permitido o emprego de força, salvo a indispensável no caso de resistência ou de tentativa de fuga do preso.

O uso da força, de regra, é exclusividade do Estado, por intermédio de seus agentes, devendo ser tratado como ferramenta excepcional, sendo assim regrado pelo Código de Processo Penal e normas administrativas correlatas. Nas lições básicas de uso da força, a aplicação dela sempre se dará de maneira progressiva e proporcional à resistência, reforçando os argumentos dos limites legais e técnicos da atividade operacional que variam sempre entre a omissão e o excesso.

No cotidiano policial, o uso da força se torna instrumento indispensável, em uma sociedade cada vez mais desordeira e com menores níveis de civilidade, a paz social se torna uma realidade cada vez mais utópica. Problemas oriundos de diversas origens, econômicos, sociais, religiosos, estruturais, dentre outros acabam, em termos práticos, tornando-se casos de polícia. O discurso ecoado por diversos especialistas, conhecedores de muita teoria e pouca prática, de mais inteligência e menos força não se sustenta na realidade, como se esses instrumentos fossem antagônicos e não complementares.

Em muitos casos, a efetividade da inteligência policial resultará em grande emprego de força. Equipes de inteligência após longo trabalho de coleta de dados e informações identificam a localização precisa de grande grupo de traficantes, que desestabilizavam com suas ações bairros inteiros do Rio de Janeiro. Forças policiais deslocam-se para a localidade e ao chegar são atacadas por armas de guerra, respondendo à altura, resultando em várias mortes. No caso concreto, não há de se falar em excesso, a opção pelo confronto foi dos criminosos, o uso da força era o único meio disponível de atuação do poder público, nem sempre a inteligência diminui o uso da força, e assim vamos quebrando alguns paradigmas.

Excessos existem e devem ser rigorosamente reprimidos, mas esta conduta não é a regra, de fato o ambiente e as reações sociais são fator relevante na conduta policial profissional, sendo este fator pouco observado por alguns ditos especialistas em segurança pública e direito. O uso da força que varia entre a simples presença policial, passando pela verbalização, uso de técnicas de menor potencial ofensivo terminando na medida extrema de força letal, é muito mais complexo que o superficialmente debatido, devendo ser tema obrigatório nos ambientes escolares policiais ou que tratam sobre o assunto.

Os denominados níveis de força não seguem obrigatoriamente a gradação cartesiana de aplicabilidade, estando diretamente relacionados ao nível de agressão ou ameaça dos resistentes. Equipes de inteligência identificam indícios de atuação de grupo criminoso e atos preparatórios do fenômeno criminal conhecido como novo cangaço. Equipes de operações especiais parte para o endereço, chegando ao local são recebidos com disparos de fuzis e explosão de granadas. A ação criminal inviabiliza a utilização de todos os níveis iniciais de uso da força, obrigando os operadores agirem exclusivamente no último nível, emprego de força letal.

A intensão policial era ou deveria ser a realização da prisão em flagrante, mas, por escolha dos criminosos, a reação estatal foi proporcional ao ataque ou a mera ameaça de ataque. É importante destacar que o mencionado instituto da legítima defesa, diretamente ligado ao conceito processual de uso da força, protege não só ataques reais, mas também iminente perigo, visto que o policial não deve esperar que criminosos armados atirem primeiro para depois responder ao fogo, visto que, nesse tipo de evento, não há possibilidade de erro ou segunda chance, porque armas de guerras como fuzis são feitas exclusivamente para matar.

A avaliação do emprego de força por parte das forças policiais deve ser analisada conjuntamente com a ação ou reação dos criminosos. A excludente de possível ilicitude, em ação proporcional à resistência, será afastada pelo estrito cumprimento do dever legal ou, no caso concreto, pela legítima defesa. É evidente que se deve ter controle na utilização da força, esse importante meio de atuação policial sem regras claras torna-se instrumento de abuso, caminhando a passos largos para a barbárie. Em uma sociedade utópica, com altos índices de civilidade a atuação de polícia é mínima, com cidadãos cumpridores de deveres na plenitude e sem violação de direito alheio, não há a necessidade de intervenção de terceiros seja a polícia ou a justiça e muito menos de uso da força. No Brasil, estamos longe dessa realidade e, de fato, pode ser uma dura colocação que apresentamos aqui, mas, em termos práticos, é maquiavélico, criminosos de alta periculosidade só respeitam o que temem: a força.

O ordenamento jurídico nacional possui duas importantes normas que versam sobre o tema. A Lei 13.060, de 2014, regula o uso dos instrumentos de menor potencial ofensivo ou menos letais pelas forças de segurança, proibindo categoricamente a utilização de arma de fogo contra resistentes em fuga, seja a pé ou em veículos, desde que não ofereçam risco às forças policiais. A interpretação desse último fator, desde que não ofereça risco, é causa determinante para a diferenciação das ações policiais revestidas ou não de legalidade.

Em patrulhamento a pé, policiais são informados por transeuntes que criminoso armado acaba de roubar pertences de uma família. Após rápida busca, encontram o criminoso fugindo, correndo do outro lado da via. Iniciando a perseguição, o roubador começa a realizar disparos mesmo correndo, somente apontando a arma para trás. No caso concreto, apesar da fuga, os disparos representam risco grave à vida dos agentes, não havendo qualquer restrição de disparo contra o resistente em fuga, apesar da restrição legal supracitada.

No caso concreto, é de extrema importância a produção de elementos de convicção robustos e de qualidade, visto que, caso ocorra neutralização do resistente, os disparos estarão localizados nas costas, reforçando o por vezes equivocado argumento de que todo tiro nas costas é execução. Tema que abordamos no volume 1 do livro *Direito operacional* distingue as figuras de tiros nas costas e tiro pelas costas, sendo estes totalmente diferentes juridicamente, ao passo que o primeiro configura uma execução, o segundo trata-se de legítima defesa, exemplo muito comum no cotidiano policial.

Pela presunção de culpabilidade existente contra os policiais, é importante, a partir dos momentos iniciais da ocorrência, a produção de elementos de informação, tais como testemunhas, filmagens e a devida preservação do local do crime. A inércia do policial operacional poderá custar a sua liberdade, provas são efêmeras, esperar o momento de chegada das autoridades de polícia judiciária pode representar o desaparecimento de futuras provas de defesa. Em frações de segundo, uma ocorrência legítima torna-se um crime, bastando uma simples pressão midiática, sendo que a prova é fundamental para comprovar a resistência.

Em última análise, sobre o tema uso da força, é importante destacar a verbalização. É fato que o ato de combater fascina o ser humano, diversas teorias explicam o fenômeno, mas a atividade policial é muito mais do que enfrentamento à criminalidade violenta, é prestação de serviço e garantia de direitos fundamentais. Instituições policiais e seus agentes insistem no erro de focar em ações reativas de emprego da força, aprendemos a política do tiro, porrada e bomba, esquecendo que uma boa verbalização resolve a maioria das ocorrências policiais, evitando a escalada da violência, preservando não só o abordado, mas o próprio policial.

Aprendemos a atirar, lutar, explodir e encarar todas as adversidades, mas por vezes esquecemos de regras básicas de convivências e prestação de serviço. *Bom dia, boa tarde, boa noite, senhor, senhora* e *no que posso ser útil* são ações que minimizam resistências e agregam na atividade policial com impactos inimagináveis na segurança pública. Jamais devemos confundir coragem com despreparo, rigor com falta de educação, descontentes com criminosos, a utilização da força é fundamental para a atividade policial, mas nem sempre aplicarei a mesma em criminosos não resistentes.

CAPÍTULO 9

BANCO DE DADOS DE PRESOS

Art. 289-A. O juiz competente providenciará o imediato registro do mandado de prisão em banco de dados mantido pelo Conselho Nacional de Justiça para essa finalidade.
§ 1º Qualquer agente policial poderá efetuar a prisão determinada no mandado de prisão registrado no Conselho Nacional de Justiça, ainda que fora da competência territorial do juiz que o expediu.
§ 2º Qualquer agente policial poderá efetuar a prisão decretada, ainda que sem registro no Conselho Nacional de Justiça, adotando as precauções necessárias para averiguar a autenticidade do mandado e comunicando ao juiz que a decretou, devendo este providenciar, em seguida, o registro do mandado na forma do caput deste artigo.

A inclusão do artigo analisado no Código de Processo Penal tinha por objetivo a melhor integração da polícia com a justiça, finalmente passando a entender que estas instituições devem funcionar como um sistema. Apesar das melhorias, o sistema ainda não apresenta a operacionalidade adequada, seja por questões logísticas das polícias ou judiciário ou pela lentidão no fluxo de informações de inclusão ou retirada de mandados de prisão do mencionado sistema.

O sistema policial apresenta maior amplitude na esfera estadual, existindo assim um verdadeiro abismo entre as instituições policiais no Brasil. Enquanto algumas instituições policiais estão plenamente conectadas ao poder judiciário, realizando por exemplo os denominados termos circunstanciados de ocorrência em sua plenitude, outras ainda apresentam déficit logísticos básicos, como falta de viaturas, armamentos e acesso à internet.

Por mais que com o advento e a popularização da internet, proporcionado, que todos os policiais tenham acesso individualizado a grande fluxo de informações, deveria o Estado prover tais facilidades, seja por questões de custo ou mesmo por segurança. Durante as abordagens pessoais e veiculares é procedimento após mitigação dos riscos, a coleta de dados pessoais não sendo incomum encontrar indivíduos com restrições judiciais, tais como mandado de prisão pendentes ou mesmo medidas restritivas de direitos.

A desatualização do banco de dados é uma realidade constante. Após a verificação documental, equipe consulta por meios próprios banco de dados nacional de mandados de prisão, verificando que o abordado havia em seu desfavor uma ordem judicial coercitiva. O indivíduo alega haver um erro no sistema, mas os policiais, acostumados a resistências e inverdades por parte de alguns abordados, fazem o previsto, conduzem o então preso para a delegacia policial mais próxima.

Chegando à sede de polícia judiciária, equipes da polícia civil consultam sistema independente, confirmando o argumento do cidadão, a pendência judicial já havia sido cumprida. Se os sistemas policiais não são integrados, imagine o sistema policial com o judiciário. Ainda temos muito que evoluir, são os policiais de ponta que estão em contato direto com a população, prestando serviço, logo deveriam ter o sistema mais atualizado, evitando perda de tempo e constrangimentos desnecessários.

No caso concreto não há que se argumentar qualquer tipo de conduta ilícita por parte dos agentes policiais. O crime de abuso de autoridade deve ocorrer na modalidade doloso e com especial fim de agir, o que no exemplo não está presente. Os policiais não queriam em nenhuma hipótese constranger o cidadão, ficam no dilema de limitar o direito de ir e vir do abordado ou deixar um criminoso com pendências judiciais fugir. Compete ao Estado a melhoria da prestação de serviço, integrando as instituições e dando maior efetividade ao serviço de justiça criminal.

Em sentido oposto, a não inclusão de mandado de prisão em banco de dados permitirá que criminosos continuem transitando pela cidade livremente, mesmo sendo abordados pela polícia. O crime é um fenômeno social e está cada vez mais globalizado, criminosos se deslocam pelo país, cometendo crime ou fugindo das autoridades policiais, buscando a impunidade no anonimato e na incompetência de integração e troca de informações dos órgãos públicos.

A atuação policial operacional para o cumprimento de mandado de prisão não está relacionada à jurisdição, qualquer policial pode cumprir qualquer mandado de prisão em qualquer lugar, o artigo é claro e acompanha a dinâmica criminal contemporânea. A título de exemplo, os estados do Rio de Janeiro e São Paulo possuem as maiores facções criminosas do país, exportando táticas, meios criminais e criminosos por todo território nacional, influenciando criminosos de todo o país.

Fenômeno crescente que merece toda atenção das autoridades públicas é o cumprimento de mandado de prisão no Rio de Janeiro contra criminosos de outros Estados da federação. Globalização do crime, expansão das facções criminosos, alianças, trocas de informações ou decisões judiciais, legislativas ou administrativas restritivas das ações policiais influenciam nesse novo fenômeno. Muitos especialistas em segurança pública atribuem a vinda de criminosos de outros estados ao Rio de Janeiro após a decisão emanada pelo STF favorável ao pleito de restrição das operações policiais na ADPF 635, conhecida popularmente como ADPF das favelas. Tal decisão judicial é prejudicial à atividade policial e tem impactos negativos diretos na criminalidade, entretanto tal correlação carece de estudos mais elaborados, mas podemos reafirmar que a restrição da atividade policial não colabora para a diminuição da criminalidade, polícia retraída é criminoso à vontade, e isso tem um alto preço.

Durante operação no complexo da Vila Cruzeiro, equipes de traficantes entram em confronto com policiais do Bope e da PRF. Chamou a atenção das equipes, que entre os mortos e presos, havia um número considerável de criminosos naturais de estados das regiões norte e nordeste do país, todos com mandado de prisão e solicitações de apoio para operações de captura dos estados de origem. É óbvio que a prisão, mesmo que não existisse o flagrante, poderia ser realizada por policiais cariocas, o artigo estudado positivou conduta já realizada na prática, o que não retira seu mérito, visto que, na atividade policial, devido às inúmeras controvérsias, é melhor ter leis e protocolos positivados e bem definidos, o óbvio tem de ser dito.

§ 4º O preso será informado de seus direitos, nos termos do inciso LXIII do art. 5º da Constituição Federal e, caso o autuado não informe o nome de seu advogado, será comunicado à Defensoria Pública.

O parágrafo aborda, mesmo que indiretamente, a ação observada e conhecida no direito americano como *leitura de direitos*. No ato inicial da prisão, seja em flagrante ou no cumprimento de decisão judicial, o policial deverá informar que o preso tem direito a um advogado e de permanecer calado, que tudo que for dito poderá ser usado contra ele dentro do sistema persecutório criminal, detalhe que passa despercebido pode fazer toda a diferença dentro do processo criminal.

O ato inicial de restrição de liberdade, geralmente realizado pelo policial operacional, denominado de voz de prisão, é fundamental para a garantia de legalidade do ato e da licitude das provas. O tema ao contrário do Código de Processo Penal Militar, mais recente e evoluído que o código estudado, não é abordado diretamente no Código de Processo Penal comum. Os atos ou momentos da prisão serão detalhados quando do estudo da prisão em flagrante, mas apesar do desconhecimento ou desprezo por esse importante procedimento jurídico, a sua inobservância poderá comprometer os elementos de convicção, futuras provas e os resultados operacionais advindos, por mera ausência de formalidade.

Durante a prisão resultante do cumprimento de mandado de prisão, policiais militares começam a coletar informações de interesse investigativo e de inteligência de segurança pública. O preso decide de livre e espontânea vontade informar a localização de armas e drogas que havia escondido antes da chegada da polícia. A equipe parte para o local citado encontrando a droga, aumentando a pretensão punitiva do estado contra o preso. Em sede judicial, a defesa alega que, como os policiais não informaram o direito de permanecer em silêncio ao preso, as informações fornecidas que levaram à apreensão das drogas eram ilícitas, sendo acatadas pelo judiciário.

A aparente inobservância de um procedimento, por vezes ignorado pelos policiais operacionais, foi usado como argumento defensivo, comprometendo todo o processo, impedindo a responsabilização de um traficante de alta periculosidade. Direito são detalhes, na fase processual, há intensa disputa de argumentos entre a defesa e a acusação e, muitas vezes, a diferença entre a condenação e a absolvição está no detalhe das provas, muitas vezes produzidas pelos policiais operacionais, ainda no teatro de operações.O policial operacional deve entender que o argumento defensivo se sustentará de maneira técnica, baseando-se normalmente em um erro jurídico operacional. De nada adianta corrermos risco, produzir operacionalmente, retirando armas, drogas e criminosos de circulação nas ruas, se existem erros formais processuais. A conhecida sensação de enxugar gelo, constantemente alegada pelas forças policiais, nem sempre são culpa do poder judiciário, ministério público ou da própria defesa, por vezes criamos nossos próprios problemas, tenhamos como hábito, de antes de criticar todo o sistema, devemos fazer uma auto análise a fim de saber se estamos fazendo a nossa parte.

CAPÍTULO 10

AUTO DE RESISTÊNCIA

Art. 292. Se houver, ainda que por parte de terceiros, resistência à prisão em flagrante ou à determinada por autoridade competente, o executor e as pessoas que o auxiliarem poderão usar dos meios necessários para defender- se ou para vencer a resistência, do que tudo se lavrará auto subscrito também por duas testemunhas.
Parágrafo único: É vedado o uso de algemas em mulheres grávidas durante os atos médico-hospitalares preparatórios para a realização do parto e durante o trabalho de parto, bem como em mulheres durante o período de puerpério imediato.

O cumprimento de prisões em flagrante ou resultante de decisão judicial nem sempre ocorre de maneira pacífica e voluntária, necessitando, em muitos momentos, o uso da força por parte dos agentes policiais. O denominado auto de resistência, por vezes deturpado, principalmente nas ocorrências com resultado morte, é um instrumento de proteção do policial, podendo justificar a parte ou na própria notícia-crime a dinâmica dos fatos e a motivação para o uso devido de utilização de força.

A doutrina divide o ato de resistência em ativa e passiva. A resistência ativa é aquela em que o preso ou até mesmo terceiro resiste contra o ato legal, usando de violência ou ameaça aos agentes públicos. No caso de prisão compulsória, realizada por agentes policiais, independente do motivo inicial da prisão, o ato de resistir violentamente à prisão configura crime de resistência previsto no artigo 329 do Código Penal.

É muito comum durante a realização de prisões, principalmente em áreas de forte influência do crime ou em meio de atos políticos, grupos de pessoas tentarem impedir a realização do ato legal, incidindo no crime citado, visto que a resistência é própria ou de terceiros. Uma operação policial resultou em prisão de influente criminoso local, por ordem do tráfico local, moradores, simpatizantes do crime, cercam a viatura visando impedir a condução do preso até a delegacia de polícia.

Tal ato configura claramente o crime de resistência, a utilização proporcional da força seria lícita, mas a escolha operacional foi outra, a prisão de um dos comprometidos manifestante que tentava subir na viatura policial foi o suficiente para dispersar o pequeno grupo, que não representa a comunidade. A função policial antes de tudo é manter a ordem e a estabilidade social, determinadas alternativas táticas podem ter efeitos reversos, inflamando mais a população, a utilização de força prevista por técnicas de menor potencial ofensivo poderia desestabilizar a região e potencializar os danos.

Em outro caso, durante manifestações populares, policiais são agredidos verbalmente e com cusparadas por parte de manifestantes, que queriam mudar a realidade do país por meio da violência, discurso bonito, mas na prática nem tanto. De imediato, foi dada a voz de prisão em flagrante ao autor do crime de desacato, os demais manifestantes fizeram uma barreira humana, impedindo que as forças policiais chegassem até o autor do crime. Sem violência ou ameaça não há de se falar em resistência, a alternativa tática usada foi a aplicação indireta de spray de pimenta, rompendo rapidamente a barreira humana, sendo assim possível a realização da prisão.

Rapidamente surgiu um cidadão se identificando como advogado, disposto a fazer a defesa do preso. Os policiais atenderam educadamente o operador do direito, mas sem interromper o ato, visto que a rua não é local de discussão jurídica ou de realização de defesa técnica. Chegando em sede de polícia judiciária foi devidamente confeccionado o auto de resistência, pormenorizando a dinâmica, os meios empregados e o motivo do emprego de instrumento de menor potencial ofensivo.

Ponto mais controverso, com relação ao artigo analisado, está relacionado com a confecção do auto de resistência em ocorrências com resultado morte. O termo não tem qualquer incorreção jurídica, o próprio ordenamento jurídico positiva dessa forma. Devido ao elevado número de ocorrências policiais com resultado morte, grupos de direitos humanos, capitaneados pela própria ONU, propuseram medidas de mitigação da problemática, dentre elas a alteração do nome do procedimento administrativo de auto de resistência para homicídio decorrente de intervenção policial.

O problema é mais complexo do que a simples troca do nome técnico de um procedimento. Infelizmente no Brasil é mais fácil trocar o termo do que resolver o problema de fato. A letalidade policial deve ser enfrentada, mas um erro claro referente ao tema é imputar à polícia o único fator fomentador da problemática. Execuções, péssimas investigações que não chegam à verdade dos fatos, gerando impunidade e a agressividade dos criminosos contra as forças policiais, são fatores, sendo esta última ignorada por muitos especialistas, mudanças efetivas vão além da mudança apenas de termos jurídicos.

Autuar o fato como homicídio decorrente de intervenção policial parte de uma presunção de culpabilidade de que toda morte em confronto policial é revestida de ilegalidade, invertendo o ônus da prova. A excludente de ilicitude da legítima defesa, como o próprio termo diz, afasta a ilicitude do crime, por mais que o resultado seja a morte, os agentes policiais não tinham uma alternativa senão usar a força letal, na prática era matar ou morrer. Só quem não conhece a realidade criminal brasileira, e principalmente a carioca, ou os oportunistas do caos, ideologicamente corrompidos, ignoram a violência e periculosidade de determinados criminosos, que não possuem qualquer respeito a direitos, principalmente a vida.

Art. 293. Se o executor do mandado verificar, com segurança, que o réu entrou ou se encontra em alguma casa, o morador será intimado a entregá-lo, à vista da ordem de prisão. Se não for obedecido imediatamente, o executor convocará duas testemunhas e, sendo dia, entrará à força na casa, arrombando as portas, se preciso; sendo noite, o executor, depois da intimação ao morador, se não for atendido, fará guardar todas as saídas, tornando a casa incomunicável, e, logo que amanheça, arrombará as portas e efetuará a prisão.
Parágrafo único. O morador que se recusar a entregar o réu oculto em sua casa será levado à presença da autoridade, para que se proceda contra ele como for de direito.

Quem gosta de ser preso? Quem trabalha com polícia ou justiça sabe que dificilmente existirá réu confesso. Se durante o cumprimento do mandado de prisão, réu foge para interior de residência alheia, o morador deverá entregar o procurado imediatamente. Ponto interessante na análise, é o consentimento ou não do morador, se ele não consentir, a entrada deverá ser imediata, dentro dos padrões de segurança, levando em consideração a existência ou não de reféns, visto que o procurado está em flagrante delito de violação de domicílio, sendo a questão flagrancial, umas das condições permissivas de busca domiciliar.

Em contrapartida, se o morador não permitir a entrada dos policiais, estes deverão entrar imediatamente na residência, se for dia, convocando duas testemunhas, que poderá ser os próprios policiais da equipe. Não é incomum que pessoas sem qualquer envolvimento com crime, ajude criminosos, seja por laços familiares ou afetivos, entretanto tal conduta poderá ser crime, dependendo do caso concreto.

Polícia realiza operação para prender um dos criminosos mais procurados da cidade. Nascido e criado na comunidade, com práticas assistencialistas, desde que os moradores não atrapalhassem suas ações criminosas. Operacionalmente era quase impossível encontrá-lo, mesmo após intensas investigações e operações de inteligência. Apesar de vários endereços próprios, o criminoso tinha livre acesso à casa dos moradores da comunidade, era uma missão de procurar agulha no palheiro, algumas comunidades carentes cariocas concentram milhares de pessoas.

Durante a progressão com apoio aéreo, monitorando a movimentação criminosa, os tiroteios se intensificavam, sinal de que o objetivo estava próximo. Chegando em um beco sem saída, a aeronave informa que o alvo havia sumido, era vasculhar todas as casas daquela região, para encontrar o criminoso. Os policiais solicitaram entrada de casa em casa, sendo atendido em todas, na última casa do beco, uma mulher negou a entrada da polícia, alegando estar sozinha e ter medo de receber policiais em sua casa.

A experiente equipe policial, sabendo dos aspectos legais, toma toda a cautela para não gerar risco de invalidação de prova futura. Aciona vizinhos e diz para a moradora que eles seriam testemunha da entrada dos policiais, desconstruindo a argumentação da moradora. Dados de inteligência chegaram informando que a cidadã era uma das amantes do perigoso traficante, e que em hipótese alguma o entregaria, por conta da relação afetiva que tinha com o criminoso.

Ainda era dia, e as equipes administrativas correram para buscar junto ao juízo de plantão um mandado de busca, fundamentando todo o fato, não foi difícil conseguir a autorização judicial. Chegando ao local, as equipes iniciaram a entrada com toda a cautela, passando pela porta escuta um grito, "se entrar ela morre". Criminoso desse nível de periculosidade não tem coração, a pessoa que tentava o ajudar horas antes é a vítima agora, o mal existe e é cruel. Após algumas horas de negociação o traficante se entrega, todos para a delegacia, o criminoso, além do mandado de prisão, responderia por mais dois crimes, porte ilegal de arma de fogo e cárcere privado. A mulher inicialmente conivente e, depois vítima, foi indiciada no crime de favorecimento real (artigo 349, do CP), que não se confirmou em juízo pela alegação de coação moral irresistível por parte do traficante. Em resumo, atrapalhar a atividade policial pode ser considerado crime.

CAPÍTULO 11

PRISÃO EM FLAGRANTE

Art. 301. Qualquer do povo poderá e as autoridades policiais e seus agentes deverão prender quem quer que seja encontrado em flagrante delito.

Nosso ordenamento jurídico prevê quatro possibilidades de restrição de liberdade: 1 ordem judicial, 2 prisão civil, 3 resultante de transgressão disciplinar, no caso dos militares e a debatida 4 prisão em flagrante. Observando nosso criticado e complexo sistema prisional, as estatísticas revelam que a grande maioria dos acautelados foram presos em flagrante, demonstrando que apesar dos problemas, nossas polícias operacionais têm atuado.

O mito de que o Brasil prende muito é extremamente falacioso. Concordamos que, em muitos casos, prendemos e principalmente investigamos mal, mas o argumento de prender demais está completamente desconectado da realidade, visto que somos conhecidos como o país da impunidade. Fato é que, em nosso país, ocorrem muitos crimes, com taxas de elucidação de homicídios e roubos que não chegam aos dois dígitos, ainda temos muitos criminosos soltos, livres para cometer novos crimes, nossas prisões têm problemas, mas criminosos soltos não é e nunca será a solução de nossa crise na segurança pública.

Flagrante é a ocorrência de um delito claro, evidente e notório, que qualquer homem médio identifica de pronto a ilicitude da conduta, necessitando de intervenção imediata, para o restabelecimento da ordem pública, estabilidade social, evitando, assim, a fuga e a consequente impunidade ou a não responsabilização estatal ao criminoso. A denominada tipificação imediata, caracterizada como a subsunção do fato ou conduta a norma penal, é a prática inicial e fundamental da denominada persecução criminal, realizada, de regra, pelo policial operacional.

O criticado procedimento administrativo ou pré-processual ora estudado tem como objetivos não só no sistema persecutório criminal em si, mas na segurança pública como um todo, evitar a fuga do criminoso, visto que a regra é tentar se imiscuir das responsabilizações estatais. A prisão em flagrante possui várias utilidades jurídicas básicas: colher elementos de informações, que se transformarão em prova, dentro de um eventual processo criminal, impedir a consumação do delito ou mitigar os danos ao bem jurídico tutelado, caso não tenha sido consumado e resguardar a segurança física de todos os envolvidos, inclusive dos presos, restabelecendo a ordem pública.

Se não consigo identificar uma conduta como crime, não haverá prisão, investigação, denúncia, processo e pena. As denominadas prevenções gerais, voltadas para a população como um todo e a prevenção especial, direcionada para o autor do delito, são efeitos preventivos de uma medida reativa como a prisão em flagrante. Sua abolição, como muitos defendem, potencializaria a prejudicial ideia social de que o crime compensa. Frases como: "deixa isso para lá", "nunca dá em nada", "vai terminar em pizza", "no Brasil, ninguém fica preso", "já estará na rua novamente", dentre outras, explicam a descredibilidade do sistema jurídico policial brasileiro, explicando o cenário trágico que vivemos hoje no campo da segurança pública.

O artigo analisado cria duas modalidades básicas de flagrante, os denominados flagrantes facultativo e compulsório. A expressão "qualquer do povo poderá", prevista na lei é a positivação do mecanismo de proteção comunitária, sendo um exemplo direto da ideia constitucional de que a segurança pública é "responsabilidade de todos". É óbvio que, por mais efetiva que seja uma polícia, é impossível sua onipresença, é impossível colocar uma viatura policial em cada rua, esquinas ou vielas das nossas cidades.

A atuação do particular no ato de prisão em flagrante é a configuração e o melhor exemplo da excludente de ilicitude do exercício regular de um direito. Como o ato legal é dividido em fases, como detalharemos em seguida, por questões de segurança, a segunda fase, denominada de condução, deverá ser realizada por órgãos policiais, visto que o cidadão não tem os instrumentos necessários para realizar o feito.

Em uma sociedade revoltada e com números excessivos de criminalidade, observamos a prática de justiça com as próprias mãos, prática reprovável, que não resolve o problema e ainda compromete o cidadão, mudando de polo na ocorrência, tornando-se um criminoso. O particular por desconhecer a técnica policial pode se colocar em risco ou cometer abusos, possíveis de responsabilização criminal, por mais que atos criminais sejam danosos àa sociedade, cabe ao estado a responsabilização, não podendo ser admitida a responsabilização social sob pena de desestabilização de toda a coletividade e comprometimento da segurança pública.

O delito, o somatório de crime e as contravenções cabem, de regra, prisão em flagrante, podendo acontecer em qualquer hora ou em qualquer lugar, necessitando atenção constante não só das forças policiais. Criminosos preferem cometer seus crimes longe das vistas da polícia ostensiva, por mais audaciosos que sejam, ninguém quer se expor ao risco de perder sua liberdade. Apesar de críticas e limitações, o policiamento ostensivo tem a importante função de prevenir o crime e auxiliar a condução de ocorrências flagranciais.

Os denominados flagrantes facultativos, relacionados à restrição da liberdade de um criminoso por qualquer cidadão, são um importante direito, entretanto opcional, visto que tal ato deve estar diretamente ligado à possibilidade, por vezes à coragem exacerbada, de se torna meio de morte. Normalmente prisões geram resistências e consequentemente riscos, não tendo um cidadão comum os meios necessários para a realização de um procedimento restritivo, visto que a regra de nosso ordenamento jurídico é o monopólio da aplicação da força, e é feito pelo Estado.

A recomendação técnica é a realização de prisões ou reações de crimes somente em último caso, a periculosidade dos criminosos e os meios danosos utilizados podem levar o cidadão à morte. A única maneira de se entrar exitosamente em um combate é no mínimo a equiparação de forças. Nunca valerá à pena correr risco de morte em detrimento de bens materiais, o denominado flagrante facultativo é exceção, por isso não haverá qualquer responsabilização legal para aqueles que se omitem.

Durante caminhada na praia, jovem observa um roubo em andamento contra duas senhoras. Sem olhar em volta ou analisar o cenário de risco, não possuindo qualquer treinamento para isso, corre corajosamente na direção do evento crítico. Ao se aproximar e tentar recuperar um dos pertences roubados, recebe uma facada fatal pelas costas, de um segundo criminoso, "eu estava na cobertura". Disparidade total de bens jurídicos, a perda de uma vida por bens patrimoniais de baixo valor, se para a atuação policial é necessária a possibilidade de atuação, na prática, tal condição se torna quase impossível para qualquer pessoa, do povo; a regra são os criminosos estarem armados, em superioridade numérica e não possuírem qualquer apreço pela vida do próximo.

O denominado flagrante obrigatório, como o próprio nome esclarece, deve ser cumprido pelas autoridades policiais e seus agentes, todos os policiais sem qualquer distinção institucional ou de competência legal são obrigados a agir em caso de crime, para a lei, polícia é polícia. A profissão policial apresenta mais obrigações jurídicas do que as demais, sendo o artigo estudado um bom exemplo. Em resumo, a atividade policial operacional é andar sobre uma linha tênue entre o abuso ou o excesso e a omissão, sendo este mais penalizado penalmente pela condição profissional de policial, fundamentado na já debatida figura penal do agente garantidor.

Tirando a condição dos militares, que possuem dois códigos penais regulando suas condutas, a condição de policial apresenta pesada figura jurídica que merece destaque. A figura prevista no artigo 13, § 2°, do Código Penal, que aborda a relação de causalidade entre o cometimento do ato e a proporcional responsabilização, traz o conceito de agente garantidor ou garante, aplicado aos policiais dentro de suas atividades, conhecimento fundamental para qualquer operador primário do direito.

Em termos práticos, os policiais não respondem pelo crime omissivo, de regra o tipo de omissão de socorro, previsto no artigo 135 do Código Penal, mas, sim, pelo resultado de sua omissão. Significa ser responsabilizado por roubo, sem roubar, de homicídio, sem matar, ou tráfico, sem comentar quaisquer das condutas previstas no artigo 33, da Lei 11.343/2006. É a partir desse conceito jurídico que surge a interpretação, por vezes equivocadas e vulnerantes, de que estes servidores são policiais 24 horas por dia.

É importante destacar que figuras jurídicas, de caráter compulsório, como o agente garantidor, e o flagrante obrigatório, assim como todos os direitos, não apresentam caráter absoluto, devendo ser relativizados de acordo com o caso concreto. A denominada obrigatoriedade deve sempre estar conectada à possibilidade de atuação, por mais preparo, coragem e meios disponíveis, nem toda a prisão é possível de ser realizada imediatamente. É sempre melhor um policial vivo do que um herói morto, a principal missão de um policial é voltar em segurança para casa após a desgastante jornada de trabalho.

Por mais que sejamos os únicos profissionais que realizamos o denominado juramento de sangue, materializado pela defesa da sociedade mesmo com o sacrifício da própria vida, o direito, em sentido amplo, jamais poderá cobrar heroísmo de alguém. Para uma possível responsabilização criminal, deverá sempre ser avaliado de acordo com o caso concreto, se o policial que tinha a obrigação legal de prender em flagrante delito, tinha a possibilidade de fazê-lo naquele exato momento.

O raciocínio é o mesmo do realizado com figura jurídica prevista no artigo 13, § 2,º do Código Penal, agente garantidor. A obrigação legal, mesmo para os policiais, que detêm treinamento e instrumentos e de uso da força, nem sempre significa, categoricamente, possibilidade de exercê-la em segurança; por isso, reforçamos que, mesmo para policiais, nem sempre é possível prender em flagrante. Normalmente a realização de medidas coercitivas, como a prisão em flagrante, não ocorre de maneira passiva e voluntária, trazendo perigo iminente aos profissionais de polícia, gerando ocorrências policiais traumáticas.

Realidade do Rio de Janeiro, que espalha pelo Brasil, é o aumento da agressividade bélico, por parte dos marginais da lei. Dependendo do caso concreto, mesmo com o apoio de equipes especializadas, meios tecnológicos e alto poder bélico, nem sempre é possível a realização de medidas restritiva de liberdade, seja por decisão judicial ou por meio da prisão em flagrante, a força se faz mais do que necessária, mas nem sempre é suficiente.

Equipes de polícia especializada são demandas pelo ministério público para o cumprimento de mandados judiciais em área sob forte influência do tráfico de drogas no Rio de Janeiro. De posse dos mandados de prisão e busca domiciliar fundamentados, era só avançar até o endereço. O deslocamento nas comunidades cariocas nem sempre é fácil, os veículos blindados eram parados por granadas arremessadas embaixo dos veículos, equipes de infantaria eram contidas em suas progressões por *snipers* do tráfico e as aeronaves que davam o apoio aéreo, mesmo com restrições judiciais, eram alvejadas constantemente, comprometendo a segurança das equipes, verdadeira estrutura e cenário de guerra, para ações judiciais em tempos de "paz".

Por mais que as equipes tivessem de posse dos mandados judiciais, durante a ação policial muitos outros crimes iam acontecendo, configurando constantes estados de flagrância. O cumprimento das medidas coercitivas era inviável, pela dinâmica dos confrontos e o risco demasiado das equipes policiais. É fundamental que todo policial conheça seus limites técnicos e legais, no caso concreto, a interpretação literal da norma leva à falsa conclusão de que há uma espécie de "missão dada é missão cumprida", mas o bem *vida* não só dos policiais, mas dos terceiros, deve ser priorizado.

Por mais que o dispositivo legal não faça a previsão, a doutrina conectada à prática divide o ato de prisão em flagrante em quatro fases: captura, condução, lavratura e cárcere. O flagrante como já debatido é um procedimento pré-processual, precautelar e de ação imediata, devido à clara e à evidente lesão jurídica e ataque a bens jurídicos tutelados.

O mesmo procedimento geralmente passa por três importantes operadores do direito (polícia ostensiva, polícia judiciária e ministério público), demonstrando a importância da integração do denominado sistema jurídico policial. A polícia ostensiva por estar na rua diariamente é quem se depara com os delitos e os consequentes flagrantes, dando início aos procedimentos de captura e condução. Com a notícia-crime, inicia-se a autuação da medida restritiva, autuando todas as informações relevantes dentro do procedimento especial investigativo.

Após a formalização do ato, o indivíduo é colocado no cárcere, devendo ser informado imediatamente sobre a restrição da liberdade ao poder judiciário. Por força de lei, o ato deve ser validado pelo judiciário nas denominadas audiências de custódia. Mais uma vez destacamos que a atuação do policial operacional é a mais arriscada e com o menor tempo disponível para a tomada de decisão, dentro do sistema jurídico policial. Existe a real necessidade de conhecimentos jurídicos fundamentais, para a tipificação criminal e a consequente coleta de elementos de informação, visto que, na maioria dos casos, os Autos de Prisão em Flagrante (APFs) não se transformam em inquéritos, devido à sua efetividade informativa.

Por mais que assuste, principalmente aos policiais operacionais, a gama de conhecimentos jurídicos necessários, visto que a atividade policial não se resume ao direito, o sistema é autorregulatório. O importante é definir a conduta como delituosa e realizar a prisão em flagrante, caso haja qualquer erro de tipificação o órgão posterior dentro do sistema jurídico policial deverá corrigir o erro.

Policiais prendem criminoso pelo crime de roubo qualificado, em sede de polícia judiciária, o delegado entende tratar-se de conduta tipificada como furto, assim capitulando a conduta. Não cabe ao policial ostensivo qualquer questionamento formal, essa é a função do delegado de polícia, entretanto, como esse servidor não é o tomador final da decisão, e o sistema é autorregulatório, o ministério público na realização da audiência de custódia retificou tipificação, voltando a conduta para o crime mais grave, roubo.

A fase de captura é a que exige maior atenção dos policiais visto que, além dos aspectos jurídicos, apresenta necessidade extrema de atenção aos procedimentos técnicos e táticos. Nessa fase, qualquer erro pode comprometer mais a vida do que a liberdade do operador primário do direito.

O artigo 5º, inciso LXIII, garante o direito fundamental de leitura de direitos, procedimento largamente observado em filmes americanos, pouco usual em nossa realidade, mas que sua inobservância pode comprometer toda a prova fundamentadora da prisão. Ao prender um criminoso, o policial deve obrigatoriamente informar que o acautelado tem direito ao silêncio, e que tudo falado poderá ser usado contra ele em um eventual processo. É óbvio que todas as alegações necessitam de comprovação, entretanto as decisões judiciais vão na direção de que as informações fornecidas pelo preso, futuras provas, colhidas posteriormente à prisão, sem a devida leitura de direitos, estarão revestidas de ilegalidade.

Equipes policiais percebem indivíduo cometendo furtos a turistas na praia de Copacabana. Após breve perseguição, captura um dos elementos, realizando a prisão em flagrante. Ainda no terreno, começam a interpelar o preso, solicitando informações sobre comparsas, local de esconderijo da *res furtiva* e de uma possível arma usada no crime, não narrada pelas vítimas. Em sede processual, a defesa alega constrangimento ao preso, sustentando que as informações colhidas posteriormente pelas equipes operacionais agravaram a conduta criminosa, mudando a tipificação de furto para roubo por conta da arma, geradora de grave ameaça, sendo a tese acolhida, significando ilegalidade da prova, e a soltura do preso, pela ausência da leitura de direitos e informação do direito ao silêncio (13).

A busca de elementos de informações faz parte de uma abordagem policial, mas, como todo procedimento técnico, deve sempre estar amparado de legalidade. A corrente de entendimento nos tribunais superiores é que abusos de policiais durante a captura inviabilizam a prova e a prisão advinda desta (14). É importante destacar a Lei 9.455/1997 regula a prática de tortura, deixando claro que a repugnante conduta típica pode ser realizada de maneira física ou psicológica. O liame é tênue entre a busca de informações, intimidações ou constrangimento e a tortura psicológica, devendo o policial operacional dominar tais condutas, diferenciando claramente de entrevistas operacionais para coleta de dados de condutas criminais.

A efetividade da ação policial é comprometida por ações ilegais, mesmo sabendo que informações geram resultados operacionais, jamais podemos agir com o princípio de vale tudo por uma ocorrência. É na fase processual que toda a ação será avaliada, sempre pelo contraponto da defesa, que tem por interesse a não ou amenização da responsabilização do patrocinado. Nesse momento, não importa a periculosidade do preso e as consequências de sua liberdade, no processo a avalição é exclusiva em torno da legalidade das ações e provas recolhidas, pode parecer revoltante para os polícias que estão expondo suas vidas diariamente nas ruas, mas essa é a regra em um estado de Direito, em suma, prendeu mal, terá todo o trabalho operacional comprometido, provas invalidadas e o preso será solto, não por culpa do judiciário ou muito menos da defesa, mas, sim, do policial, é assim a regra do jogo.

Vivemos na era da informação e das inovações tecnológicas. Vários estudos indicam que temos mais aparelhos celulares do que pessoas no mundo, logo é prática extremamente comum prendermos indivíduos de posse de um telefone móvel. Estes equipamentos possuem inúmeras informações que podem ou não estarem relacionadas ao crime, entretanto a intimidade é um direito fundamental protegido pela

Constituição Federal e a regra de acesso ao celular se dá somente com autorização judicial.

É direito do preso à comunicação com familiares ou com a defesa, quem está sofrendo uma medida coercitiva por parte do estado, representado pela polícia, tem o Direito de orientação profissional e afetiva. Como já debatido nesta obra, a segurança das equipes deve estar em primeiro lugar, logo tal ligação deve ser ofertada pelo policial, mas supervisionada, evitando que tal ação comprometa a segurança, como por exemplo o acionamento de comparsas para um possível resgate.

O ato de prisão em flagrante apresenta algumas particularidade e exceções, em sua totalidade ou mesmo em suas fases, individualizada. Em nosso ordenamento, não há Direito absoluto, a importante e almejada igualdade constitucional, não é plena, inclusive quando abordamos o tema da prisão em flagrante. Autoridades parlamentares, governamentais, juízes, promotores e diplomáticos por conta de suas atribuições e competências só podem ser presos em flagrante nos casos de crimes inafiançáveis.

Ainda somos o país das desigualdades, quem nunca ouviu a frase, "você sabe com quem está falando?" ou a tentativa de interferência na atividade policial, pela hoje tipificada na nova Lei de Abuso de Autoridade, a famigerada conduta da "carteirada". Durante patrulhamento, polícias são acionados para uma confusão generalizada. Chegando ao local, encontra homem altamente alterado, após acalmar os ânimos e restabelecer a ordem, indivíduo se identifica como juiz, depois, agredindo verbalmente as equipes, cometendo o crime de desacato.

Por se tratar de crime afiançável, com pena menor do que quatro anos, por força do cargo e da lei, a autoridade, de comportamento duvidoso, não foi presa em flagrante. Operacionalmente deve ser identificada, qualificada para a devida apresentação da notícia-crime em sede de polícia judiciária, para o início da investigação e possível responsabilização criminal. Por mais que o procedimento seja distinto, a punição deve ser igual para todos, ninguém pode estar acima da lei, imunidade não pode ser sinônimo de impunidade.

A função da polícia militar e subsidiariamente das demais polícias ostensivas é a preservação, manutenção e o restabelecimento da ordem pública. Em breve análise, independente da autoridade, se estas, mesmo com a chegada da força policial, continuarem desestabilizando a ordem pública e a segurança dos policiais ou terceiros, deverá ser usada a força de forma moderada e proporcional até que se reestabeleça a ordem, tal contenção não representando uma prisão propriamente dita; a única imunidade é para a realização da prisão em flagrante e aplicando-se aos demais procedimentos policiais.

A Lei 9.099, de 1995, trouxe uma série de dispositivos alternativos de punibilidade, visando à diminuição da restrição de liberdade, criando penas alternativas. A instrumentalização da norma dá-se pelos denominados Termos Circunstanciado de Ocorrência (TCO), que, na prática, não inviabiliza, mas substitui o procedimento do inquérito policial. Além da política de desencarceramento, a lei busca celeridade, permitindo que a polícia ostensiva realize o ato, fazendo comunicação direta entre a polícia militar e o judiciário, sem a necessidade de apreciação da polícia judiciária.

O questionamento que surge imediatamente é sobre a possibilidade de realização da prisão em flagrante de criminosos que comentem crimes de menor potencial ofensivo, ou seja, com pena máxima menor que dois anos. A regra é a punição alternativa à prisão, mas tudo dependerá do caso concreto, se a ação do indivíduo comprometer a ordem pública, ou negar-se a assinar o termo circunstanciado de ocorrência, não se comprometendo a comparecer ao judiciário, deverá ser conduzido à autoridade de polícia judiciária, para as medidas de praxe.

A segunda fase do flagrante, denominada condução, deve ser realizada por agente policial, nesse caso específico denominado de condutor. Invariavelmente a realização de prisões em flagrante necessitam de emprego de força, utilizando de instrumentos de contenção e incapacitação, protegendo não só os policiais, mas também o próprio preso e até mesmo o patrimônio público. Durante deslocamento entre o local do flagrante e a delegacia, preso não violento, inicialmente, começa a se alterar e a quebrar a viatura policial, sendo necessária a utilização de algemas, para proteger o patrimônio e a própria integridade do preso, que poderia se lesionar, culpa que recairia sobre os policiais, a qualquer momento.

A utilização de algemas, tema discutido e politizado durante muito tempo, foi pacificada com o advento da Súmula Vinculante 11, estabelecendo as condições para a utilização do equipamento. Defendemos que procedimentos policiais que envolvam risco devem possuir margem de discricionaridade, havendo mínima interferência do judiciário, visto que quem conhece a polícia e os procedimentos polícias a fundo são os servidores públicos dessa área. As condições são lógicas, a utilização de algemas se dará por questões de segurança, de todos os envolvidos direto ou indiretamente no ato, policiais, preso e até mesmo terceiros, relacionada diretamente a periculosidade do preso e a possibilidade de fuga ou resgate deste.

Se por um lado a utilização arbitrária de algemas constrange e fere a imagem de presos, podem gerar inclusive relaxamento da prisão posteriormente, a não utilização pode gerar riscos extremos às forças policiais, apresentando discrepância latente de direitos. Não é incomum que resistências a prisões terminem em morte de agentes públicos, logo, quem coloca a vida em risco em nome do Estado constantemente: os policiais, estes é quem deve sempre definir parâmetros, baseados sempre na técnica, bom senso e na legalidade.

A parametrização não gera dificuldade, a vida é o bem mais importante do ordenamento jurídico, na atividade policial operacional, a segurança dos policiais sempre será a prioridade. Objetivamente, na dúvida, algeme. O importante a destacar é que a súmula citada trouxe a obrigatoriedade de positivação justificante do procedimento de utilização de algema, sob o risco de relaxamento da prisão e invalidação das provas produzidas. Algemou deve justificar, é obrigatório a devida autuação que, de regra, ocorre no registro da ocorrência em sede de polícia judiciária, ou no próprio auto de prisão em flagrante, devendo o condutor fazer constar tal observação.

Em decisão até certo ponto surpreendente, definiu que, em plenário judicial, cabe ao policial avaliar se o preso deve ou não manter se algemado. Era comum que policiais militares quando no serviço de custódia de preso, provendo a segurança de atos processuais, recebesse a ordem do magistrado, de retirada das algemas do preso, por alegação de prejuízo à defesa, submetendo os presentes a risco incalculável.

Reforçamos que quem possui a capacidade de avaliar a periculosidade do preso é o policial, no caso de reação, são estes profissionais que têm a obrigação legal e, muitas vezes, a coragem de agir. Entendemos acertada a decisão da corte superior, visto inúmeros casos concretos de ataques a juízes durante procedimentos judiciais. Quando acontece uma fatalidade por falha de segurança, inevitavelmente a culpa será imputada aos policiais, nada mais justo que estes profissionais tomem a decisão de manter ou não os presos algemados, durante audiências, jamais saberemos a reação de uma pessoa condenada.

As fases de lavratura e cárcere competem à polícia judiciária. A lavratura é a autuação do auto de prisão em flagrante, narrando os fatos e colhendo os elementos de informações como depoimento de testemunhas e do condutor se este não acumular as duas posições, sendo o Auto de Prisão em Flagrante (APF) uma espécie de procedimento investigativo. Na lavratura, ocorre a tipificação do crime, ou seja, a adequação do ato ou fato à norma. O delegado com formação jurídica exerce tal papel, não cabendo ao policial operacional qualquer indagação nesse momento, mesmo que discorde da capitulação do crime. Reafirmamos que o sistema jurídico policial é autorregulatório, caso o delegado cometa algum erro, caberá ao ministério público a correção e o prosseguimento do feito dentro do sistema.

Por último, a fase do cárcere é a materialização da restrição da liberdade. Com o advento das audiências de custódias, com a devida vênia, entendemos haver uma quinta fase, que seria a validação judicial do procedimento restritivo. O auto de prisão em flagrante, medida precautelar, é apresentado ao poder judiciário para a tomada de medidas cabíveis, de regra, a conversão em prisão preventiva ou relaxamento dela. A questionada audiência de custódia, teoricamente é perfeita, a submissão quase que imediata de qualquer preso ao judiciário, o ideal para qualquer Estado Democrático de Direito.

Em contraponto oportuno, o efeito prático das audiências de custódia tem trazido alguns problemas para a segurança pública, fomentado a máxima de que a polícia prende e a justiça solta. Distanciamento entre polícia e judiciário, desconhecimento total da atividade operacional e presunção de culpabilidade das forças policiais, comprometem o objetivo primário da audiência de custódia, validação de legalidade, que jamais estará contra os bons policiais. Criminosos armados flagrados com grandes quantidades de drogas, soltos imediatamente, não é fato raro, basta uma boa orientação defensiva, como a falta de elementos de informações ou a presunção de excesso na prisão em flagrante para o relaxamento da prisão e a tentativa de responsabilização dos policiais. Em muitos casos práticos, há uma inversão completa de valores, o policial de condutor e autor da prisão se torna conduzido e preso.

A partir do momento da captura, o preso passa a ser responsabilidade do Estado, representado pela polícia ostensiva, comumente as policiais militares, qualquer lesão causada ao custodiado é de responsabilidade direta do policial e indireta do Estado. Após a lavratura do auto, a responsabilidade passa automaticamente para a polícia judiciária, devendo esta, a partir daí, realizar todas as ações administrativas e judiciais cabíveis.

Nosso sistema policial realiza de regra o denominado ciclo incompleto de polícia, policiais diferentes, atuando em momentos distintos e com competências complementares. A polícia militar é a força pública de maior competência constitucional, visto que, ao mencionar a função de preservação da ordem pública, impõe a atuação desses servidores em qualquer ato que comprometa o referido bem jurídico, gerando possibilidades quase infinitas de atuações.

As atuações das polícias militares pós lavratura, segundo nosso entendimento, não possuem amparo legal, somente em caso de colapso da instituição responsável, visto que, para muitos doutrinadores, cabe à PM a ação de reserva de todos os órgãos públicos constituídos, devido à sua estrutura e missão constitucional. As atuações de condução e custódia de presos, encaminhamento de material para perícia dentre outros não possuem obrigatoriedade de realização pela polícia ostensiva, são realizadas em forma de parceria aos demais órgãos policiais. Atribuir tais missões às polícias ostensivas é usurpar a missão das outras polícia, o que prejudica todo o sistema, e afastar as polícias militares da sua missão constitucional de policiamento ostensivo e consequente preservação da ordem pública.

Art. 302. Considera-se em flagrante delito quem:
I – Está cometendo a infração penal;
II – Acaba de cometê-la;
III – é perseguido, logo após, pela autoridade, pelo ofendido ou por qualquer pessoa, em situação que faça presumir ser autor da infração;

IV – é encontrado, logo depois, com instrumentos, armas, objetos ou papéis que façam presumir ser ele autor da infração.

A doutrina jurídica divide o flagrante em várias espécies, relacionadas diretamente à clareza do cometimento do delito. O significado da palavra flagrante, ardente, queimando, representa a gradação de evidências positivadas nos incisos do artigo estudado. A analogia do termo pode ser feita com o queimar de uma fogueira, que, enquanto acessa, é de fácil visualização e, após sua queima, deixa apenas evidências, necessitando de melhores avaliações para a certeza da identificação e consequentes tomadas de decisões.

O inciso primeiro possui a definição mais clara da situação flagrancial, ao passo que, no inciso quarto, a tipificação imediata e a consequente prisão são revestidas de interpretação lógica e subjetividade, sendo realizada pelo autor da prisão, normalmente o policial operacional. Pela dificuldade das decisões jurídicas, principalmente no ambiente operacional, com seus diversos fatores de influência, destacados no conceito do Direito Operacional, risco de vida e supressão de tempo, é fundamental a avaliação complementar de outros servidores públicos, evitando injustiça e a supressão de Direito tão importante, a liberdade.

Os policiais operacionais, operadores primários do direito por estarem nas ruas, se deparam com as condutas criminosas e fazem a tipificação imediata, além da avaliação se o criminoso está ou não em flagrante delito. Em caso de positivo, dar-se-á voz de prisão, realizando a condução do preso até a delegacia policial. Em caso de crime comum, o delegado de polícia faz a tipificação do crime, a autuação, colocando o preso no cárcere propriamente dito. Até esse momento não é avaliada causas de excludente de ilicitude, sendo essa avaliada pelo judiciário, o delegado avalia somente a possibilidade de concessão ou não de fiança, concedendo ou não a liberdade provisória.

Do exposto, surge a importância da apresentação mais breve possível do preso ao poder judiciário, para a avaliação legal e a existência ou não de condições descriminantes ou exculpantes, na conduta do agente. Mesmo que a avaliação jurídica detalhada ocorra somente no judiciário, a identificação de atipicidade não invalida o ato da prisão em flagrante, visto que este, além da função jurídica, a prisão em flagrante apresenta a função de preservação da ordem pública, não podendo haver qualquer responsabilização dos policiais, visto que a função desses servidores é realizar a denominada tipicidade formal imediata.

Os incisos primeiro e segundo são conhecidos como flagrante próprio, real, perfeito ou verdadeiro, sendo o de mais fácil definição e atuação pelos policiais operacionais, visto que o delito está acontecendo ou acabou de acontecer. Policiais em patrulhamento observam indivíduo vendendo droga, como o ato de vender ou expor droga a venda está prevista no artigo 33, da Lei de Drogas, comprometendo a saúde pública, caberá prisão imediata com base no artigo estudado, é um caso claro e corriqueiro de flagrante perfeito.

No mesmo exemplo se o criminoso foge, sendo perseguido e preso logo após, a situação ainda será flagrancial, mas prevista no inciso terceiro, configurando o denominado flagrante impróprio, imperfeito ou quase flagrante. Essa espécie de flagrante está relacionada à fuga do criminoso, fato comum na atividade operacional, a discussão doutrinária se dá em torno do termo "logo após" e qual seria seu alcance.

Entendemos que os termos "logo após" apresentam o lapso temporal entre o crime e a chegada das forças policiais. Por mais que as polícias ostensivas apresentem grande capilaridade, estando nas ruas 24 horas por dia, nem sempre são estes servidores que se deparam com o flagrante próprio. Normalmente são acionados pelo cidadão vítima ou testemunha, nos casos de flagrante impróprio. A impossibilidade de realização de prisão em flagrante nesses casos inviabilizaria o enfrentamento ao crime e o combate à impunidade.

Policiais, por meio do canal de comunicação institucional 190, são comunicados do cometimento do repugnante crime de injúria racial. Chegando ao local, observam a população enfurecida, a vítima aos prantos e o autor do crime acuado com medo de ser agredido. Após a coleta de breves elementos de informações, testemunhos, de fato, prendem o autor em flagrante, na modalidade imprópria de flagrante, conduzindo testemunhas, vítimas e autor para a delegacia. No exemplo citado, por mais que pudesse, a vítima não deu voz de prisão ao autor, por medo, desconhecimento, ou até mesmo trauma gerado pela violação ao bem jurídico, sendo os policiais militares os autores e condutores da prisão em flagrante.

O entendimento doutrinário majoritário é que a citada perseguição deverá ser ininterrupta, para que o autor permaneça em flagrante, como prevê o artigo 290, § 1°, alíneas "a" e "b", podendo durar dias, dependendo do caso concreto. Policiais observam criminosos roubando um banco, dando início a intensa troca de tiro, resultando em lesão grave a policial militar. Os criminosos se evadem e a polícia é colocada em prontidão, devendo ser este o procedimento padrão, quando da ocorrência de vitimização policial, só voltando à escala de serviço ordinária após a prisão dos criminosos.

Ações de inteligência identificam o criminoso baleado, dando entrada em hospital público da região, sendo preso em flagrante, visto que a perseguição policial não foi interrompida em nenhum momento, configurando flagrante impróprio. Entendemos que a impunidade é um dos fatores de maior fomento da criminalidade, criminosos de alta periculosidade só respeitam o que temem, ataques a policiais representam ataque ao Estado e a toda sociedade organizada. Temos de partir da premissa: se quem tem o dever de proteger não está protegido, a sociedade civil está em grande risco.

Resumidamente, a lei permite que, no caso de vitimização policial, a polícia militar seja colocada em prontidão, e o Código de Processo Penal autoriza a figura do quase flagrante, quando o criminoso é perseguido logo após o cometimento do crime, desde que seja de maneira ininterrupta. O crime jamais poderá valer a pena, prisões efetivas e punições elevadas não resolvem o problema da criminalidade sozinhas, mas abrir mão desses instrumentos jurídicos só aumentam a impunidade e o sentimento de insegurança na sociedade brasileira.

Situação mais complexa está prevista no inciso quarto com o denominado flagrante presumido, flagrante subjetivo em que o agente não presencia o delito, mas flagra objetos ou atitudes hipoteticamente relacionados com a conduta desviante. Policiais são acionados por transeuntes para ocorrência de possível feminicídio, chegam ao local encontram a vítima já em óbito, sem seus pertences e com o corpo coberto de sangue, dando a entender que o crime aconteceu a poucos minutos. Antes de começar a colher elementos de informações, sem alterar a cena do crime, entram em contato com a sala de operações e solicitam o fechamento do bairro por meio de um cerco amplo e a realização de abordagens, visto que o possível autor do fato não poderia estar longe daquele local, estando ainda em fuga.

É informado, imediatamente por testemunhas, que um veículo preto foi avistado próximo à vítima e que, após alguns gritos, o carro saiu em alta velocidade. Tal informação relevante é comunicada via rádio a todas as viaturas da região, dando início a buscas veiculares, a celeridade no fluxo da informação é o segredo do sucesso das operações policiais. O debatido conceito permissivo da busca veicular, fundada suspeita é altamente subjetivo, no caso concreto, estaria ou não justificada as abordagens, não seria importante e necessário a realização das denominadas buscas preventivas, para encontrar um homicida? São debates técnicos jurídicos importantes, mas enquanto discutimos, pessoas continuam morrendo e criminosos permanecem impunes, temos de entender de uma vez por todas que a velocidade criminal e a consequente resposta operacional são infinitamente superiores ao andamento jurídico processual.

A aproximadamente 8 KM de distância, motorista é abordado em um veículo com as mesmas características do procurado, sem camisa e apresentando nervosismo incomum. Ao realizarem revista detalhada, os policiais encontram camiseta cheia de sangue, jogada embaixo do banco, realizando a prisão em flagrante do criminoso. O dispositivo utiliza o termo "logo depois", a doutrina discute se há ou não diferença com o termo "logo após", previsto no inciso anterior, entendemos que, por questões lógicas, se fossem sinônimos, o legislador usaria o mesmo termo.

Entendemos que a utilização dos termos "logo depois" não significa alargamento temporal, mas, sim, a desnecessidade de perseguição ininterrupta, como a modalidade de flagrante anterior. No caso concreto citado, os policiais autores da prisão em flagrante presumido não estavam perseguindo o suspeito, mas possuidores das informações de um crime recém-consumado, prenderam um indivíduo com materialidade considerável, fazendo crer ter relação direta com o crime, restringindo direito fundamental, de forma minimamente fundamentada, em detrimento de bem maior, a segurança da coletividade.

O direito à liberdade apresenta grande importância em nosso ordenamento jurídico, e não poderia ser diferente, a prisão é medida excepcional, devendo ocorrer somente em casos excepcionais. O flagrante presumido é o mais frágil dos flagrantes, necessitando de interpretação lógica relevante e informações prévias de um fato criminoso. É importante, nesse momento, a autorregulação do sistema jurídico policial, devendo a ação ser reavaliada por outros servidores públicos, inicialmente o delegado, promotor e, posteriormente, o juiz na possível audiência de custódia, tomando a decisão final com base nos elementos de informações colhido, normalmente pelo policial operacional, o primeiro a ter contato com a ocorrência e ou autor da prisão, pela dinâmica criminal, não dá tempo de iniciar procedimentos burocráticos em sede de polícia judiciária, para só depois começar a agir.

A doutrina jurídica ainda discute outras espécies de flagrante de grande aplicabilidade prática. Inicialmente citamos o denominado flagrante esperado, conhecido também como prorrogado ou retardado que basicamente tem por objetivo a busca de maior efetividade e melhoria nos resultados operacionais, com base no controle e espera de novas ações criminosas e o possível concurso de pessoas na mesma ou em novas práticas delituosas.

Entre as atividades operacionais de polícia está a preservação da ordem pública por meio do policiamento ostensivo e outras medidas institucionais como a implementação de programas de prevenção criminal por exemplo. Mas além da prevenção há também a necessidade de repressão de crimes e o restabelecimento da ordem pública, muitas vezes materializados por prisões e apreensões. Qual policial não gosta de fazer uma boa ocorrência, retirando de circulação materiais ilícitos e criminosos de alta periculosidade, essa é a uma das práticas mais atrativas da polícia, e ao contrário do afirmado por diversos especialistas, a matemática é exata, menos criminosos e armas nas ruas significam menos crimes, não que isso resolva por si só o problema da segurança pública?!

Policiais recebem informações de inteligência investigativa, que determinado caminhão transportava armas e drogas para grande favela do Rio de Janeiro. De forma velada, identificam o veículo e acompanham o mesmo em segurança. O flagrante já estava configurado, por meios tecnológicos foi comprovada a existência de ilícitos, podendo ser realizada a prisão em flagrante naquele momento. Buscando maior efetividade operacional, querendo prender também os traficantes, compradores das drogas e armas, esperam o contato da "mula" que transportava a droga, com criminosos de maior periculosidade, realizando, ao invés de uma prisão de pouco impacto na estrutura do crime, várias de uma só vez.

Um dos conceitos jurídicos mais controversos no meio policial é o denominado flagrante preparado, regulamentado pela Súmula Vinculante 145, do STF, que preleciona: "Não há crime quando a preparação do flagrante pela polícia torna impossível a sua consumação". O entendimento, em termos práticos, diz que os policiais não devem interferir ou auxiliar para a efetivação do delito, por mais que saibamos que tal indivíduo é criminoso à indução para o crime, com o objetivo de prendê-lo posteriormente, não possui amparo na legalidade.

Imaginemos que determinado policial, conhecendo a mancha criminal relacionada ao furto de veículos da região, sem conseguir prender os autores do crime, abandona veículo na área, criando uma espécie de armadilha para os furtadores. Como geralmente criminosos contra o patrimônio são oportunistas, não demora muito tempo para cometerem tal crime, sendo presos em flagrante por conta da vigilância constante realizada pelos policiais. Parabéns, menos criminosos na rua, não é bem assim, o entendimento das cortes superiores é que por haver interferência direta da polícia, fomentando o delito, a prisão deve ser considerada ilegal.

Questão polêmica e debatida na doutrina e jurisprudência é a existência do flagrante preparado no crime do tráfico de drogas. Tipo penal que reúne grande número de ocorrências policiais, necessita de domínio pleno das particularidades jurídicas relacionadas a este crime, pelos operadores primários do Direito. Se determinado policial com o objetivo de prender traficante se passa por usuário, direcionando-se a conhecido ponto de venda de droga, será considerado preparo? Pela interpretação pura e simples da Súmula Vinculante 145, do STF, o flagrante do exemplo citado seria ilegal, não cabendo a restrição da liberdade. Entretanto, por se tratar de crime pluri ação, reunindo mais de uma conduta típica em um único artigo, a prisão não poderia se dar pelo ato de vender, mas, sim, por outros, como transportar, trazer consigo ou expor à venda, dentre outras, de acordo com o caso concreto.

Por fim, a doutrina cita a prática criminal denominada de flagrante forjado. Também conhecido como fabricado ou artificial, a conduta é tipificada como abuso de autoridade, prevista no artigo 9º, *caput*, da Lei 13.869/2019, comprometendo não só a persecução criminal, mas também a credibilidade da polícia perante a sociedade. Essa prática é um bom exemplo de erro moral, que deve ser punido de maneira rigorosa, inicialmente pela própria instituição, maus policiais devem ser expurgados das corporações policiais, visto que suas ações comprometem as corporações como um todo. Jamais devemos nos comportar como o criminoso que juramos combater.

Policiais, durante patrulhamento em área de alto risco, entram em intenso confronto com traficantes locais, encontrando adolescente baleado ao solo. Pela dinâmica do fato, a probabilidade era de que a lesão tivesse sido provocada pelos próprios policiais. Ao invés de preservarem o local do crime e assumir as responsabilidades, construindo a difícil, mas viável, tese de homicídio culposo, sustentada por um erro de percepção ou na própria execução, os agentes públicos colocam uma arma próxima ao corpo do adolescente, violando a cena do crime, cometendo mais um crime, mas nesse ato de maneira dolosa e totalmente reprovável.

Além do adolescente ser conhecido na comunidade, trabalhador sem qualquer conduta criminosa, toda a ação foi filmada por um morador da comunidade. Imagine a revolta de familiares e amigos, com a imputação indevida do rótulo de criminoso, condutas como esta só alimentam o ciclo de ódio e desconfiança entre a polícia e a sociedade. O princípio básico de qualquer policial preparado nos dias de hoje é de se comportar sempre como se estivesse sob a mira de uma arma ou sob a lente de uma câmera.

Art. 303. Nas infrações permanentes, entende-se o agente em flagrante delito enquanto não cessar a permanência.

As infrações permanentes são aquelas que perduram no tempo, tendo importantes efeitos na atividade operacional. A Constituição Federal em seu artigo 5º, inciso XI, permite a violação de domicílio nos casos de flagrante delito, no caso dos crimes permanentes, a possibilidade de atuação policial se estende no tempo, enquanto houver crime, pode-se fazer a busca domiciliar e a consequente prisão em flagrante.

Ocorrências corriqueiras da atividade policial operacional envolvem crimes permanentes, tráfico de drogas em muitas das suas condutas, porte ilegal de armas, sequestro ou extorsão mediante sequestro, dentre outros. Enquanto estiver armazenando droga em residência, escondendo armas ou mantendo pessoa em cativeiro, a polícia poderá entrar no domicílio, mesmo que algumas doutrinas ou jurisprudência sigam no caminho inverso. Pode parecer óbvio, mas a lei é o parâmetro, mesmo que sua interpretação por vezes seja equivocada.

O tema é bem discutido na jurisprudência e a maioria das decisões vão na direção de que, apesar da ampliação temporal da realização da prisão ou mesmo da violação de domicílio, os crimes permanentes não são um salvo-conduto de violações de direitos. Os conceitos jurídicos se interagem, a figura do crime permanente complementa a busca domiciliar e as fundadas razões, a tipificação direta precede à prisão em flagrante.

No caso específico das buscas domiciliares, a ocorrência de flagrante delito deve ser comprovada, as fundadas razões deverão ser pretéritas às apreensões e prisões advindas. O conceito de fundada razão é mais amplo, protege o direito hierarquicamente superior, a inviolabilidade do domicílio e a intimidade do lar, não cabendo meras suspeitas, para entrar em uma residência é necessária a certeza do cometimento do crime, antes da entrada, sob pena de responsabilização criminal dos policiais e invalidação de provas.

Erro comum na atividade policial é achar que o flagrante encontrado legitima a violação de domicílio, o achar é a mãe de todos os erros. Policiais em patrulhamento, após intensa troca de tiro, começam a entrar em todas as casas da localidade, em uma delas, encontram inúmeros pés de maconha, prendendo o morador em flagrante. O flagrante é claro, plantar maconha é crime, entretanto o questionamento que surge é: como os policiais chegaram a tal crime? Havia informações de inteligência, investigações prévias, observaram o flagrante, fundamentando o conceito permissivo da fundada razão. O mero acaso torna ação ilegal, por esse motivo as provas serão retiradas do processo e o preso será absolvido.

Exemplo oportuno de entendimento jurídico que discordamos veementemente, mas que fundamenta o argumento de que a fundada razão deve ser revestida de certeza e não de suspeita, esta é a recente decisão do STJ (15). Equipes observam por cima do muro pessoas manipulando materiais parecido com drogas, por se tratar de um crime permanente, capitulado como tráfico, em situação flagrancial, os policiais entram na residência, confirmando a observação, prendendo os criminosos.

Em sede de justiça, a defesa sustenta que a fundada razão não havia se configurado, visto que os policiais não tinham certeza, mas apenas suspeitas em torno de manipulação da droga, sendo humanamente impossível diferenciar droga de qualquer outra substância no caso concreto. Os ministros entenderam que o domicílio foi violado(16), anulando as provas, em suma, mais traficantes soltos. No caso concreto, de quem é a culpa? Reforçamos que este não é o questionamento ideal, o certo é perguntar sempre, como podemos melhorar e jogas dentro das regras do jogo, mesmo não concordando com elas.

Os policiais poderiam ter mais bem fundamentado o dispositivo jurídico, com parte do judiciário desconectado da realidade, legisladores que não avançam com leis cada vez mais defasadas e parte das defesas que, apesar da sua importante atuação em um Estado Democrático de Direito, não se preocupa com o todo, importando-se apenas em libertar o cliente, independentemente de sua periculosidade.

Apontar o dedo e colocar a culpa nos outros sempre é o caminho mais fácil, mas o importante é fazer uma autoanálise e perceber os erros cometidos e onde podemos avançar individualmente. Mudar as leis, o judiciário ou o sistema de defesa não compete ao policial, a regra é a limitação da atividade policial e a diminuição da discricionariedade, com o argumento de abusos, que de fato ocorrem, mas nem de longe são a regra, gerando assim um garantismo hiperbólico, em detrimento da segurança pública, assistiremos às cenas dos próximos capítulos, não espere a mudança do próximo, faça você mesmo e o caminho sempre será à busca pelo conhecimento.

Art. 304. Apresentado o preso à autoridade competente, ouvirá está o condutor e colherá, desde logo, sua assinatura, entregando a esta cópia do termo e recibo de entrega do preso. Em seguida, procederá à oitiva das testemunhas que o acompanharem e ao

interrogatório do acusado sobre a imputação que lhe é feita, colhendo, após cada oitiva suas respectivas assinaturas, lavrando, a autoridade, afinal, o auto.

§ 2º A falta de testemunhas da infração não impedirá o auto de prisão em flagrante; mas, nesse caso, com o condutor, deverão assiná-lo pelo menos duas pessoas que hajam testemunhado a apresentação do preso à autoridade.

Em 2005, o dispositivo jurídico foi alterado, dando prioridade a oitiva do condutor em sede de polícia judiciária. O objetivo da lei é dar maior celeridade ao procedimento, liberando o mais rápido possível os policiais ostensivos para o retorno ao patrulhamento, evitando assim o cometimento de novos crimes. De fato, os procedimentos ainda são muito burocráticos, as atribuições de cada polícia não estão bem definidas, variando de estado para estado. Polícias civis sucateadas, com falta de meios logísticos e pessoal, policiais militares realizando ações de polícia judiciária e penal, como condução de presos e materiais para exames periciais, ainda é uma realidade, o que acaba impedindo o efeito da lei de desburocratizar e manter o policiamento ostensivo menos tempo fora das ruas.

Não é novidade a falta de integração das polícias e pior, ainda, em alguns casos tal rivalidade, torna-se institucional, que só favorece o crime. A relação não é protocolar, variando de profissional para profissional, por mais que a lei crie uma diferenciação de tratamento jurídico para os condutores policiais, nem sempre isso ocorre na prática. Não se trata de privilégio, mas, sim, de utilidade pública, dar prioridade às ocorrências conduzidas por policiais ostensivos, com os índices de criminalidade atuais, é inadmissível manter uma viatura parada por horas em uma delegacia, para realização de meras formalidades burocráticas.

De regra, as polícias não se entendem, no Rio de Janeiro por exemplo, não existe de forma institucionalizada uma sala de espera ou atendimento reservado para policiais ostensivos dentro das delegacias de polícia. Ocorrências com presos de alta periculosidade, apreensão de armas e drogas são autuadas ao lado de brigas de vizinhos, furto de documentos, ou outras de menor gravidade, gerando riscos evitáveis para todos os presentes. Equipe da polícia militar apresenta ocorrência de tráfico, com prisões e apreensões volumosas, chamando a atenção de vários curiosos. Durante o registro, inicia-se um tumulto dentro da delegacia e um dos suspeitos envolvidos em outra ocorrência, totalmente transtornado tenta pegar um dos armamentos apreendidos pela polícia militar, que estava sobre a mesa do policial civil, que prontamente frustrou a ação, que poderia se transformar em uma tragédia.

O parágrafo segundo menciona a figura das testemunhas de apresentação, que além do condutor da ocorrência, deverão assinar, afirmando que presenciaram a apresentação do preso, narrando as condições deste. Essa figura jurídica se difere da testemunha do fato, que na maioria dos casos é o próprio policial, principalmente em crimes graves ou prisões de indivíduos de alta periculosidade. Na prática, são poucos os que têm a coragem de testemunhar contra criminosos de alta periculosidade como um traficante, miliciano ou até mesmo policiais desviados, nesses casos, normalmente somente policiais são testemunhas, mais um motivo para a valorização do depoimento destes profissionais.

Uma das decisões jurídicas mais absurdas já vistas recentemente materializa o enfraquecimento do instituto da fé pública e o nefasto conceito já citado nesta obra de presunção de culpabilidade dos policiais operacionais. Determinado ministro, em seu voto, afirma que seria de muita inocência acreditarem que policiais não mentem, que a própria estrutura institucional em busca de resultados reforçaria tal realidade. A infeliz fala, com efeitos jurídicos, parte de um erro básico tratar a exceção como regra, não temos dúvidas que existem maus policiais, assim como existem maus juízes em todas as instâncias, agora tal afirmativa, ainda mais em sede judicial, necessita de comprovação, o senso comum não pode ser base para a tomada de decisão, a minha posição pessoal jamais influenciará em qualquer procedimento policial, juízes deveriam fazer o mesmo.

No direito penal o ônus da prova cabe a quem acusa. Como policial e instrutor nunca tivemos o hábito de mentir, e ao afirmar que o depoimento dos policiais por si só, não podem funcionar como meio de prova, o excelentíssimo Ministro, prova desconhecer a realidade criminal do país, inviabilizando assim a reprimenda legal de inúmeros crimes. Tal decisão vai na contramão de sua missão legal de fazer justiça, fomentando cada vez mais a impunidade, descredibilizando a polícia, acirrando os ânimos entre as instituições públicaa, que deveriam trabalhar conjuntamente.

Durante patrulhamento em mais uma madrugada carioca, enquanto todos dormem, policiais expõem suas vidas. Perto de um lixão, observam homens vendendo drogas, ao desembarcarem são recebidos a tiro, após se abrigarem e deslocarem em patrulha, encontram um criminoso portando armas e drogas, mais uma ocorrência cotidiana da PMERJ. No deslocamento até a delegacia o preso muito alterado, além de traficante também era usuário, começa a se debater na viatura, vindo a se lecionar na testa e nos cotovelos.

Exame de corpo de delito comprovou as lesões, já na audiência de custódia, orientado por seu defensor, alegou que havia sido agredido pelos policiais e que, além das agressões, o flagrante havia sido forjado, partindo do pressuposto de presunção de culpabilidade, e o conflito de provas de mesma natureza, nesse caso a testemunhal, o traficante teve a prisão relaxada e os policiais responderam criminalmente, completa inversão de valores, que ocorre em nosso sistema criminal, reforçando a necessidade de auto defesa técnica por parte dos policiais operacionais.